Verlag: BoD · Books on Demand GmbH, In de Tarpen 42,
22848 Norderstedt, bod@bod.de
Druck: Libri Plureos GmbH, Friedensallee 273, 22763 Hamburg

ISBN: 978-3-7693-1103-7

Der Mensch in den Systemen

Anfang

Gesellschaft, Marktwirtschaft und Demokratie sind die Systeme, in denen wir leben. Die Demokratie ist unser politisches System. Die Gesellschaft ist unser soziales System. Die Marktwirtschaft ist unser Wirtschaftssystem. Wir leben frei in den Systemen. Aber auch die Systeme wirken frei auf dem Planeten. Heute geht die Entwicklung dahin, dass wir uns in den Systemen einschränken, um die Erde zu entlasten. Gesellschaft, Marktwirtschaft und Demokratie entfalten sich frei auf dem Planeten, und wir kompensieren ihre Freiheit mit unserer Unfreiheit. Das ist der richtige Weg, wenn die Erde durch unsere Freiheit in den Systemen bedroht wird. Aber es ist der falsche Weg, wenn sie durch die Freiheit unserer Systeme bedroht wird. In diesem Fall schränken wir unsere eigene Freiheit ein, die den Planeten gar nicht bedroht, während wir die Freiheit unserer Systeme aufrechterhalten. Die Gesellschaft verwirklicht sich grenzenlos auf einem begrenzten Planeten. Die Marktwirtschaft verwandelt die Erde in einen Markt. Die Demokratie herrscht uneingeschränkt über die Erde. Unsere Systeme wirken massiv auf die Erde ein. Trotzdem ziehen wir es nicht einmal in Erwägung, sie einzuschränken. Die Systeme, so urteilen wir, sind nicht ursächlich für die planetäre Bedrohung, die von uns ausgeht. Aber ist das so? Bedrohen wir die Erde mit unserem Verhalten in den Systemen? Oder bedrohen wir sie mit unseren Systemen?

Zur Marktwirtschaft

Die Marktwirtschaft ist unser Wirtschaftssystem. Wir leben frei in der Marktwirtschaft, die sich ihrerseits frei auf der Erde entfaltet. Unsere Freiheit in der Marktwirtschaft schränken wir ein, aber nicht die Freiheit unserer Marktwirtschaft. Das System bleibt frei, und wir leben immer unfreier in einem freien System. Von unserer reduzierten Freiheit erhoffen wir uns eine Entlastung des Planeten. Aber wer belastet die Erde? Wir oder unsere Systeme? Denn wir leben nicht destruktiv auf der Erde. Wir leben produktiv in unseren Systemen. Allein die Systeme, in denen wir produktiv leben, wirken destruktiv auf die Erde ein. Nicht unsere Freiheit in der Marktwirtschaft, sondern die Freiheit der Marktwirtschaft bedroht den Planeten. Die Erde ist begrenzt, eine grenzenlose Freiheit lässt sich auf ihr nicht realisieren. Unsere Freiheit muss sich innerhalb der gesunden planetären Grenzen bewegen. Wir wollen nicht unsere Freiheit reduzieren, um auf diese Weise die Mängel eines freien Systems zu kompensieren. Wir wollen frei sein in weniger freien Systemen, nicht weniger frei in freien Systemen.

Die Marktwirtschaft ist ein gutes System — vorausgesetzt sie bewegt sich innerhalb der gesunden planetären Grenzen. Das tut die freie Marktwirtschaft aber nicht. Die Freiheiten, die uns das System bietet, sind eine Maßlosigkeit in Bezug auf den Planeten. Unsere Systeme sollen den Planeten schützen, nicht ruinieren. Die Marktwirtschaft lässt den Exzess nicht nur zu, sie erzeugt ihn erst. Unter der Parole der Freiheit lässt es uns die Erde ruinieren, während es uns Steine in den Weg legt, sobald wir die Erde zu schützen versuchen. Wer sich nicht am Exzess beteiligt, der gibt seine Freiheiten auf, die der Rest der Gesellschaft munter weiter genießt. Destruktives Verhalten wird in den Systemen zur Norm, und zum Treiber. Die Marktwirtschaft wirtschaftet den Planeten herunter, und die Früchte ihrer Arbeit verteilt sie an uns. Das System sollte gewährleisten, dass wir uns innerhalb der gesunden Grenzen des Planeten bewegen. Aber diese Grenzen existieren in der Marktwirtschaft nicht. Im Sinne der Marktwirtschaft handeln wir grenzenlos, erst im Sinne des Planeten schränken wir uns ein. Wir verhalten uns entweder im Sinne des Systems, und damit anti-planetär, oder im Sinne des Planeten, und damit wider das System. Damit ist nicht unser Verhalten schlecht, sondern das System, in dem wir uns gut, nicht schlecht, verhalten. Solange die Marktwirtschaft grenzenlos ist, wird sie einen begrenzten Planeten überlasten. Unsere Systeme, nicht wir, müssen planetär eingeschränkt werden.

Heute gehen alle Initiativen dahin, die Nachfrage gesundzuschrumpfen, um die Erde zu schonen. Dabei müssen wir vor allem das Angebot gesundschrumpfen. Die exzessive Nachfrage ist harmlos ohne das exzessive Angebot. Wenn wir die Nachfrage senken, aber das Angebot erhalten, dann bleibt die Marktwirtschaft ein exzessives System. Der Verzicht muss zur Wirklichkeit werden. Heute ist er nur eine Möglichkeit. Die Nachfrage soll frei sein, aber das Angebot reduziert. Statt die Nachfrage zu reduzieren, um indirekt auf das Angebot einzuwirken, muss man direkt auf das Angebot einwirken, und damit indirekt auf die Nachfrage. Das System besitzt keine inhärenten Grenzen, diese Grenzen müssen wir ihm setzen. Die freie Marktwirtschaft ist in ihrem Idealzustand kein gemäßigtes, sondern ein maßloses System. Eine begrenzte Nachfrage wird das grenzenlose Angebot nicht reduzieren. Solange das Angebot grenzenlos ist, wird die Nachfrage ganz von selbst in die Höhe steigen. Man muss sie dann ständig regulatorisch „nach unten drücken", damit sie das Maß hält. Wollen wir uns auf diese Weise selbst die Ketten anlegen, um in einem freien System unfrei zu leben? Oder wollen wir nicht lieber das Angebot einschränken? Wenn das Angebot eingeschränkt ist, dann wird die Nachfrage auf natürliche Art und Weise begrenzt. Statt eine Nachfrage, die inhärent in die Höhe schießt, zu unterdrücken, damit sie gemäßigt bleibt, erzeugt man den gesünderen Zustand, dass die Nachfrage inhärent das Maß hält, weil das Angebot gemäßigt ist.

Die Nachfrage soll frei sein, aber sie muss sich innerhalb eines reduzierten Angebots bewegen. Es ist naiv, zu glauben, man müsse nur die Nachfrage reduzieren, dann würde das Angebot schon nachziehen. Die Menschen zu nachhaltigen Konsumenten zu machen, während das System grenzenlos bleibt, ist nicht einmal eine Strategie, es ist ein Scheitern mit Ansage. Weil das System natürlich das exakte Gegenteil von dieser Nachhaltigkeit vorlebt. Der Exzess wird sich immer durchsetzen gegen unsere selbstauferlegte Bescheidenheit, die in der Marktwirtschaft einer Selbstgeißelung gleichkommt. Der ideale Mensch der Marktwirtschaft ist nicht der verantwortungsvolle Konsument, sondern der wie im Rausch handelnde Marktmensch, der kauft und verkauft, um das System auf diese Weise in Bewegung zu halten. Auf dieses Ideal wirkt das System hin, gemäß diesem Ideal sozialisiert es uns. Ein solcher Mensch wird schon psychologisch gar nicht dazu in der Lage sein, sich einzuschränken, wo ihm doch das System das gegenteilige Verhalten vorlebt. Man kann die Erde nicht von unten nach oben retten. Man muss sie von oben nach unten retten. Wir wollen nachhaltig leben, aber nicht in schädlichen, sondern in schonenden Systemen. Heute orientiert sich die Nachfrage am exzessiven Angebot, sodass sie ihrerseits exzessiv wird. Das exzessive Angebot passt sich nicht der gemäßigten Nachfrage an, sondern: es passt die gemäßigte Nachfrage an sich an. Die Nachfrage wird sich erst mäßigen, wenn das Angebot eingeschränkt ist. Die Gesundheit des Planeten steht und fällt mit den Grenzen der Marktwirtschaft. Ein begrenztes System sorgt für ein begrenztes Angebot, und auf diese Weise für eine gemäßigte Nachfrage. Andere Maßnahmen, die das System nicht begrenzen, sind nur Tropfen auf den heißen Stein. Man kann ein schlechtes System nicht reformieren, indem man sich besser darin verhält. Man muss ein besseres System daraus machen. Falsch ist es, zu sagen, wir müssen uns anders in den Systemen verhalten. Richtig ist es, zu sagen, wir müssen uns in anderen Systemen verhalten. Man muss die Systeme auf der Erde einschränken, nicht die Menschen in den Systemen. Wir verhalten uns nicht exzessiv in den Systemen, sondern in exzessiven Systemen.

Die Marktwirtschaft macht aus der Erde einen Markt, und aus den planetären Ressourcen Handelswaren. Das Ideal des Systems ist realisiert, wenn auf diesem Markt gekauft und verkauft wird, das heißt wenn das System eine Art Kreislauf entwickelt. Aber dieser Kreislauf zielt nicht auf einen moderierten Markt ab, sondern auf einen übersteigerten Markt. Der Planet kommt in dieser Systematik gar nicht vor. Das System belohnt den Exzess und es belächelt die Genügsamkeit. In der freien Marktwirtschaft geht es nicht darum, „genug" zu haben, sondern darum, „mehr" zu haben. „Mehr" — dieses Wort treibt die Welt noch in den Untergang. Wohin wollen wir noch wachsen? Das System strebt nicht nach Maß und Mitte, sondern nach dem Maximum. Aber das Maximum hat keine Ziellinie, und es wird zum Selbstzweck. Wir steigern, um zu steigern, wir wachsen, um zu wachsen. Das System ist maßlos, und es belohnt uns für unsere Maßlosigkeit. Wir müssen ein System etablieren, das das Maß kultiviert, nicht den Exzess. Unser Wirtschaftssystem ist grenzenlos, und das darf es auf einem begrenzten Planeten nicht sein. Der Kapitalismus ist ein Baum, der verdorbene Früchte trägt. Die ökologische Freiheit ist der zerstörerische Aspekt des Systems. Die Marktwirtschaft ist nicht prinzipiell ungesund, sie wird es erst, wenn ihr keine Grenzen gesetzt werden. Grenzenlose Freiheit auf einem begrenzten Planeten ist keine Freiheit, sondern eine Maßlosigkeit. Wir bewegen uns auf direktem Kurs in Richtung einer ruinierten Erde. Die Schäden, die wir anrichten, sind irreversibel. Man sieht das Meer vor lauter Plastik nicht. Die Marktwirtschaft vergoldet die Gegenwart, doch sie verdunkelt die Zukunft. Also schmeißen wir Geld auf die Wunde, in der Hoffnung, dass sie verheilt. Aber die Wunde ist systemisch. Die Erde muss nicht nur für heute reichen, sondern in alle Zukunft. Die planetären Ressourcen aufzubrauchen, ist eine Maßlosigkeit, die das System verhindern sollte, die es stattdessen befördert. Wir müssen unsere wirtschaftliche Freiheit an der planetären Wirklichkeit ausrichten. Der Markt muss ein gesunder Markt sein, auf dem nur verbraucht wird, was die Erde auf gesunde Art und Weise nachproduziert. Wir leben so maßlos, dass die Erde gar nicht hinterherkommt, die Ressourcen nachzuproduzieren, die wir heute verbrauchen. Die Freiheit der Marktwirtschaft hat einen hohen Preis, wir bezahlen sie mit unserem Lebensraum. Die Menschheit lebt und stirbt mit der Erde, das muss uns klar sein. Der Planet ist unser Universum. Die Marktwirtschaft bedroht die Erde, die Zukunft und die nächsten Generationen. Sie ist grenzenlos, und das darf sie auf einem begrenzten Planeten nicht sein.

Die Marktwirtschaft befreit uns wirtschaftlich, aber ethisch sperrt sie uns ein. Überall legen wir heute die Maßstäbe des Marktes an. Angebot und Nachfrage haben das Individuum verschluckt. Der Mensch orientiert sich an den Systemen, die ihm seine Werte vorgeben. Aber was sind das für Werte? In der Marktwirtschaft: Geld, Status, Besitz. Diese Werte werden zu Götzen erhoben, und wir entwickeln ein Verlangen nach ihnen. Überall existiert heute ein Angebot, aus dem wir auswählen können. Überall müssen wir eine Nachfrage für uns schaffen. Längst sind wir Teil des Kreislaufs geworden. Der Mensch liegt bei seinen Waren. Die innere Unabhängigkeit des Menschen — ersetzt durch seine äußere Abhängigkeit in den Systemen. Die Systeme wirken nicht nur grenzenlos auf dem Planeten, sie wirken auch grenzenlos in uns. Die freie Marktwirtschaft lässt erst die Grenze zwischen Käufer und Verkäufer verschwimmen, dann die Grenze zwischen Mensch und Produkt. Frei sind wir wirtschaftlich, gesellschaftlich, aber psychologisch sind wir unfrei. Wie die marktwirtschaftliche Nachfrage die Märkte reguliert, so die gesellschaftliche Nachfrage die Gesellschaft. Die Nachfrage wird zum Treiber der Gesellschaft, jeder Einzelne bemüht sich, sie individuell zu bedienen. Je stärker das Individuum der Gesellschaft entspricht, desto höher steigt es in ihr auf. Die Anpassung an die Gesellschaft wird zur Existenzbedingung in ihr. Die Gesellschaft wird eine Tyrannin, die uns von innen regiert. In der Demokratie ist sie der Souverän, sodass sie ihre Herrschaft weiter ausbaut. Gesellschaft, Marktwirtschaft und Demokratie haben eine selbsterhaltende Maschine erschaffen, die gegen die Individuen in ihren Reihen wirken. Unser Selbstwert ist an unseren Wert in den Systemen gekoppelt. Das Marktprinzip wird zum ethischen Prinzip. Gut ist, was der Markt gut findet. Gerecht ist, was der Markt erlaubt. Aber der Markt hat keine Grenzen, und er hat kein Gewissen. Wofür eine Nachfrage existiert, dafür entwickelt er ein Angebot. Unsere Ethik ist so vereinnahmt von der Marktwirtschaft, dass man sie kaum noch als Ethik bezeichnen kann. Unsere Träume sind materieller Natur. Wir streben nach Status, Wohlstand, Reichtum. Was wir haben, definiert uns, aber es bindet uns auch. Es ist eine tiefe ethische Verwirrung des Individuums, wenn es das Sein mit dem Haben verwechselt. Wir müssen frei sein, innerlich frei, und was wir sind, wollen wir über uns selbst definieren. Nicht darüber, was wir besitzen oder darstellen. Diese unmittelbare Beziehung des Individuums zu sich selbst ist verloren gegangen. Stattdessen entsteht in uns eine ungesunde Abhängigkeit von den Systemen. Eine seelische Abhängigkeit von unserem Lebensstil, der nicht nur unsere Lebensweise definiert, sondern überhaupt unser Wesen. Wer den Menschen heute ihre materiellen Dinge nimmt, der nimmt ihnen nicht das Haben, er nimmt ihnen das Sein. Diese Identifikation des Seins mit dem Haben ist die tiefe ethische Verwirrung unserer Zeit. Die Ethik ist die Lehre des Seins, die Marktwirtschaft die Leere des Seins, denn in ihr reduziert sich das Sein auf das Haben. Wir bewundern diejenigen, die viel haben, und wir blicken mit Verachtung auf die anderen, die nichts haben. Das Haben wird zur Notwendigkeit, es erfüllt eine seelische Grundfunktion. Niemand träumt davon, mittellos in der Natur zu leben. Jeder träumt davon, ein Haus zu besitzen, und ein Auto, schön zu reisen und gut zu essen. Wer nach unserem Sein fragt, der erhält unser Haben zur Antwort. Wir *haben* einen Beruf, und eine Familie, wir *haben* Pläne und Ziele. Alles haben wir. Aber was sind wir? Wer kann schon darauf antworten, ohne von seinem Haben zu sprechen? Wir sind — sehr wenig, wenn man uns das Haben nimmt. Jeder strebt danach mehr zu haben, um mehr zu sein, gleichzeitig fürchtet sich jeder davor, weniger zu haben, um nicht weniger zu sein. Aber diese Symbiose von Sein und Haben ist das stille Werk der Marktwirtschaft. Das Haben ist als marktwirtschaftliches Prinzip übermächtig geworden, und es hat das Sein unterworfen. Solange wir Haben und Sein gleichsetzen, wird unser Verhalten auf der Erde destruktiv bleiben. Weil wir den Planeten dann immer haben müssen, um als Individuen zu sein. Wo ist unsere Entrüstung über uns selbst? Wir zucken mit den Schultern, und sagen: es ist, wie es ist. Das ist das Ungerechte. Dass diejenigen, die heute entscheiden, die Konsequenzen ihrer Entscheidungen nicht mehr erleben werden. Die Jüngeren sollten unter unserem Schutz stehen, aber wir schützen sie nicht. Es ist unsere Verantwortung, dysfunktionale Systeme durch bessere Systeme zu ersetzen.

Kopernikus hat das heliozentrische Weltbild geprägt, aber er hat die Rechnung ohne das egozentrische Weltbild des modernen Menschen gemacht. Wir sozialisieren unsere Jüngsten heute immer noch so, als ginge es darum, eine Gesellschaft kapitalistisch aufzubauen. Als lebten wir nicht in einer Welt, die längst unter unserer Lebensweise kollabiert. Heute wird alles dafür getan, dass die Erde gerettet wird. Das wäre ein Satz, den man gerne sagen würde. Der Satz, den man sagen muss, lautet: Heute läuft alles weiter wie bisher, während man parallel versucht, an der ein oder anderen Stellschraube zu drehen. Zu glauben, man könne die Welt auf diese Weise retten, ist nicht naiv, sondern absurd. Die Verantwortung für den Planeten wird ausgelagert an jeden einzelnen Menschen, der nachhaltiger einkaufen und verreisen soll. Die Individuen sollen die Kohlen aus dem Feuer holen, die unsere Systeme heute noch täglich ins Feuer hineinwerfen. Jeder Einzelne trägt nicht nur moralisch, sondern zunehmend auch faktisch die Verantwortung für die planetäre Lage. In alledem ziehen wir es nicht einmal in Erwägung, unsere Systeme einzuschränken. Die Systeme, die den Planeten ruinieren, sind über jeden Zweifel erhaben. Man kann doch nicht auf die Welt schauen, und *nicht* zu dem Schluss kommen, dass das kein Zustand ist, den man verändern muss. Die wahre Dystopie ist nicht die Zukunft, sondern die Gegenwart. Eine ganze Generation von Menschen hat es sich in die Seele geschrieben: Nach mir die Sintflut. Was ist aus dem Prinzip geworden, dass eine Generation einen Baum pflanzt, von dem die nächste Generation lebt? Was ist aus der Idee geworden, dass wir uns die Erde nur leihen und sie in gutem Zustand zurückgeben? Wann haben wir aufgehört, uns für die Zukunft zu interessieren? Wann sind uns unsere Kinder egal geworden? Und warum fühlt heute niemand, wie ungerecht es ist, was wir den zukünftigen Generationen zumuten? Warum sind wir nicht in der Lage, dieses Verhalten, von dem wir längst begreifen, dass es die Erde zerstört, durch ein besseres Verhalten zu ersetzen? Die freie Gesellschaft wird immer gelobt, aber sie bedroht auch den Planeten. Nach innen soll die Gesellschaft frei sein, aber nach außen darf sie nicht so frei sein. Wir wollen freie Individuen sein, aber nicht in einer grenzenlosen, sondern in einer planetär eingeschränkten Gesellschaft.

Unsere Freiheit ist grenzenlos, und das darf sie auf einem begrenzten Planeten nicht sein. Man schränkt den Verbrauch nicht ein, indem man die Menschen von den neuen Grenzen überzeugt, ihnen aber gleichzeitig ermöglicht, diese Grenzen zu überschreiten, sondern: man ermöglicht die Überschreitung dieser Grenzen erst gar nicht. Wir können nicht immer mit der Freiheit argumentieren, um uns davon zu „befreien", die gesunden Grenzen des Planeten einzuhalten. Wir haben eine Verantwortung für die Erde, die Zukunft und die nächsten

Generationen. Wenn wir untätig bleiben, dann werden wir zurückblicken auf eine Zeit, in der wir alles hätten verändern können, aber viel zu wenig verändert haben. Ein System ist nicht dafür gemacht, für immer das gleiche zu bleiben. Wir interpretieren unsere Systeme immer noch wie vor 150 Jahren. Aber die Welt ist heute eine andere. Die Systeme müssen dieser Tatsache gerecht werden. Wir brauchen eine begrenzte Marktwirtschaft für einen begrenzten Planeten. Der Verzicht wird die Erde nicht retten, solange das System den Exzess kultiviert. In einem solchen System wird der Verzicht die Ausnahme bleiben, der Exzess die Regel. Es ist naiv, zu glauben, man könne die Welt über eine gesündere Nachfrage retten. Man muss sie über ein gesünderes Angebot retten. Die Marktwirtschaft scheitert ökologisch. Zu lange haben wir das ignoriert, weil wir von ihr profitiert haben. Heute ist das keine legitime Position mehr. Wir müssen ein System einführen, das sowohl die Interessen der Menschen als auch die planetäre Gesundheit berücksichtigt. Nicht die Freiheit soll eingeschränkt werden, sondern der Bereich, in dem die Freiheit agiert. Die gesunden Grenzen des Planeten müssen die faktischen Grenzen unserer Systeme werden. Innerhalb dieser Grenzen wollen wir frei sein, aber nicht darüber hinaus.

Zur Gesellschaft

Die Gesellschaft ist das soziale System, in dem wir leben. Wir sind alle Teil der Gesellschaft. Aber wer ist diese Gesellschaft? Niemand konkret, jeder nur abstrakt, das abstrakte Ganze, dem wir angehören. Die Gesellschaft verhält sich mit einer Eigendynamik, die in keiner Verbindung zu uns als Individuen steht. Wenn wir uns als Individuen anders verhalten, dann verhält sich die Gesellschaft immer noch gleich. Unsere individuelle Freiheit können wir einschränken, aber nicht die Freiheit der Gesellschaft. Die Gesellschaft handelt für jeden Einzelnen, damit jeder Einzelne nicht handelt. Ist das eine wünschenswerte Gesellschaft, in der die Menge stark ist und das Individuum schwach? Die demokratische Gesellschaft fragt nicht qualitativ, sondern immer nur quantitativ nach dem Individuum. Sie richtet sich gegen jeden Einzelnen, der im Kanon der Menge nicht mitsingt. Der Durchschnitt regiert in der Demokratie, und dieser Durchschnitt ist per definitionem gewöhnlich. Auch die demokratische Gesellschaft ist eine Masse, und sie folgt denselben psychologischen Gesetzen. Die Menge ist ein Körper ohne Kopf, sie handelt kopflos, also muss man dafür sorgen, dass sie überhaupt nicht handelt. Unanständig ist jeder Mob, anständig nur das Individuum im Mob. Wenn die Gesellschaft, aus welchen Gründen auch immer, über eines ihrer Mitglieder herzieht, dann muss man, egal wie man über die Sache denkt, das Individuum verteidigen. Die Gesellschaft soll demokratisch über sich selbst herrschen, nicht über die Individuen in ihren Reihen.

Man muss die Gesellschaft vor den Individuen schützen, aber auch die Individuen vor der Gesellschaft. Die Gesellschaft wirkt übermächtig auf jedes einzelne ihrer Mitglieder ein. Sie tut das nicht rechtlich, politisch, sondern psychologisch. Das ist nicht die Funktion, und nicht die Aufgabe einer Gesellschaft. Wenn die Gesellschaft ihre Freiheit missbraucht, um mit Argusaugen auf ihre Mitglieder zu blicken, dann wird die Idee der Freiheit unterminiert. Aus der Freiheit der Gesellschaft wird die Unfreiheit ihrer Mitglieder. Die Gesellschaft wird immer freier, das Individuum immer unfreier, und am Ende dieser Entwicklung steht keine Gesellschaft von freien, sondern eine von unfreien Individuen. Die Gesellschaft soll stark sein, weil es ihre Mitglieder sind. Wenn die Gesellschaft die Individuen schwächt, dann ist sie eher gefährlich als wünschenswert. Die Gesellschaft wie ein Gift in den Geist der Individuen einzuflößen und dort eine solche Verwirrung herzustellen, dass sich der Einzelne im Spiegel mit „Sie" anspricht, ist ein dystopischer Zustand. Die Gesellschaft kontrolliert das Individuum, damit es nicht aus der gesellschaftlichen Reihe tanzt. Jeder Einzelne wird als Individuum durch die Gesellschaft überwacht, und jeder Einzelne überwacht als Teil der Gesellschaft jedes andere Individuum. Unsere äußere Freiheit in der Gesellschaft hat einen hohen Preis. Wir bezahlen sie mit unserer inneren Unfreiheit. Die Gesellschaft ist immer ein Zugeständnis der Individuen an das Kollektiv. Solange die Individuen frei sind, ist eine Gesellschaft in Wahrheit unfrei. Sie ist dann unfrei, weil ihre Freiheit nicht ihr selbst, sondern den Individuen gehört. Gesellschaftliche Freiheit und individuelle Freiheit sind nicht synonym, sondern antonym. Man muss sie in ein gesundes Verhältnis rücken. Auf der Ebene des Individuums darf die Gesellschaft nicht die Norm bilden. Auf dieser Ebene bildet jedes Individuum seine eigene Norm. Die Gesellschaft stellt ihre abstrakten Forderungen an die Individuen. Wie der Mensch sein soll, und wonach er streben soll. Die Gesellschaft legt dieses „Soll" fest, das sich wie eine Drohung gegen das „Ist" verhält. Der abstrakte Mensch, der wir werden sollen, verdrängt den konkreten Menschen, der wir sind. Die Gesellschaft definiert unseren Wert, und genau genommen definiert ihn unsere Stellung in der Gesellschaft. Das ist keine gesunde, sondern eine ungesunde Gesellschaft, eine Übergesellschaft, frei nach Orwell, ein Überwachungsstaat in unseren Seelen, nur dass uns kein Staat überwacht, sondern die Gesellschaft, die aber genauso abstrakt in uns wirkt. Das Individuum verkommt zur abstrakten Idee seiner selbst, indem es den gesellschaftlichen Archetypus mit Leben füllt. Die Gesellschaft bricht den Individuen die Knochen und sie gewöhnt sie an ein Leben an Krücken. Es ist dystopisch, wie uns die Gesellschaft in dieser anonymen Weise von innen umbildet. Die Gesellschaft will keine freien Individuen, sie will die unfreien Individuen, die die gesellschaftlichen Ziele verfolgen. Abstrakt ist die Gesellschaft, weil sie sich über ihre abstrakten Werte definiert. Freiheit, Gleichheit, Gerechtigkeit. Konkret wäre sie, wenn sie sich über die konkreten Individuen definierte. Das tut sie aber nicht. Die Gesellschaft trifft ihre eigenen Entscheidungen. Dabei ist die Gesellschaft überhaupt nichts Eigenes, sie ist nur das soziale Konstrukt, in dem wir leben, und wenn dieses Konstrukt zu sprechen beginnt, dann entwickelt sie eine gefährliche Eigendynamik. Die Gesellschaft, die den Individuen untergeordnet sein sollte, ordnet sich ihnen über. Sie akzeptiert das Individuum nur, solange dieses in ihrem Sinne spricht. Aber niemals darf das Abstrakte für das Konkrete sprechen, immer muss das Konkrete im Abstrakten seinen Ausdruck finden. Wenn die Gesellschaft für sich selbst spricht, statt die Individuen in ihren Reihen anzuhören, dann muss man ihren Einfluss reduzieren.

Die Gesellschaft soll das Produkt und die Schöpfung der Individuen sein. Heute sind die Individuen eher das Produkt und die Schöpfung der Gesellschaft. Unser Leben verlagert sich zunehmend auf die gesellschaftliche Ebene. Innerhalb dieser Ebene sind wir frei, aber die Ebene selbst ist eng und begrenzt. Unsere innere Anpassung bleibt die Voraussetzung unseres gesellschaftlichen Erfolgs. Die Gesellschaft bildet sich eine Idee vom Menschen, die sie in uns konkretisiert. Die Gesellschaft ist das Aktivum, während die Individuen immer passiver werden in der Gesellschaft. Statt die Gesellschaft über die Individuen zu definieren, definieren sich die Individuen immer stärker über ihre Stellung in der Gesellschaft. Aus dem Individuum wird ein abstrakter Gesellschaftsmensch, ein Quantum der Gesellschaft, und die Gesellschaft ist dieser homogene Körper, in dem die Gleichheit regiert. Das Individuum wird daran bewertet, wie stark seine individuellen Eigenschaften im Kollektiv repräsentiert werden. Wenn man die Ungleichheit auf diese Weise aus einer Gesellschaft verdrängt, dann erschafft man eine Gesellschaft, in der die gleichen Individuen die ungleichen Individuen dominieren. Man ersetzt die Individualität jedes Einzelnen durch die Kollektivität der Gesellschaft. Die Individualität verlagert sich aus dem konkreten Raum unserer Seelen in den abstrakten Raum namens Gesellschaft. Es macht uns zu Abhängigen der Gesellschaft, die ihrerseits unabhängig in uns agiert. Die Individualität wird zum Hemmschuh jedes Einzelnen, weil man als Individuum allein ist und die Systeme allesamt quantitativ funktionieren. Alles reduziert sich heute auf Mengen, Zahlen,

Reichweiten. Das qualitative Element ist nahezu vollständig aus der Gesellschaft verschwunden. Je mehr man auftritt wie alle anderen, desto stärker profitiert man von den Systemen. Gesellschaft, Marktwirtschaft und Demokratie belohnen uns für unsere Gleichheit. Die Individuen entwickeln sich weg von ihrer Individualität und hin zur Kollektivität der Systeme. Die unterdrückte Individualität wird zur ständigen Bedingung unserer Freiheit in den Systemen. Die Natur hat die Menschen gemacht, doch die Systeme machen sie ein zweites Mal. Die Systeme bejahen sich in uns, doch sie verneinen uns als Individuen. Wir müssen uns entscheiden, entweder wir sind frei in den Systemen, dabei unfrei als Individuen, oder frei als Individuen, dafür unfrei in den Systemen. Aber das ist das sichere Kennzeichen dafür, dass die Systeme übermächtig geworden sind. Der Mensch soll frei sein, nicht frei „unter der Bedingung dass", denn in diesem Fall ist nur dasjenige frei, das unsere Freiheit bedingt. Aber dass die Gesellschaft einen solchen Einfluss auf die Individuen nimmt, hängt damit zusammen, dass wir das Prinzip von Nachfrage und Angebot unkritisch in unsere Seelen aufgenommen haben. Die Gesellschaft bestimmt mit ihrer Nachfrage, wie sich die Individuen in ihr verhalten. Das Individuum sieht sich mit einer übermächtigen Gesellschaft konfrontiert, der es nichts entgegenzusetzen hat. Es begreift, dass es sich der Gesellschaft anpassen muss, um in ihr erfolgreich zu sein. Unser eigener Wille wird ersetzt durch den Willen der Gesellschaft. Alles entwickelt sich hin zu dieser übermächtigen Gesellschaft, in der sich die Individuen nur gesellschaftlich verwirklichen. Das Individuum verkündet: ‚Das bin ich, das ist meine Identität', dann hört man hin, und wie definiert es sich? Über seine Stellung in der Gesellschaft, über seine Lebensweise in der Marktwirtschaft, und über seine Zugehörigkeit zur Demokratie. Es sind die Gedanken der Systeme, die wir alle haben. Man befragt die Individuen — die Systeme antworten. Das Individuum wird zur Nebensache in dieser Hauptsache der Systeme. Aber in seelischen Fragen ist alle Bildung intransitiv. Die Seele bildet sich selbst. Wer von außen interveniert und einen anderen Charakter hineinbildet, der behandelt das Subjekt wie ein Objekt. Die Gesellschaft muss passiv sein in ihrem Einfluss auf die Individuen. Wir brauchen eingeschränkte Systeme für freie

Menschen auf einem gesunden Planeten. Nicht freie Systeme für eingeschränkte Menschen auf einem ungesunden Planeten.

Die Gesellschaft bildet sich ein Ideal vom Menschen, das sie wie ein Lineal an das Individuum anlegt. Das Individuum soll werden, was es von Natur aus gar nicht ist: Gleich. Denn das Individuum ist ungleich. Gleich ist es nur in der Gesellschaft. Die Ungleichheit ist der natürliche Zustand des Menschen, die Gleichheit dessen künstlicher Zustand in der Gesellschaft. Jede Individualität ist einzigartig, und damit ungleich im Vergleich zu jeder anderen. Wer die Menschen gleich nennt, der verkennt ihre Individualität. Die Gesellschaft soll gleich sein, aber die Individuen ungleich. Heute geht die Entwicklung dahin, diese wichtige Unterscheidung zu überspringen und stattdessen die Individuen gleichzumachen. Die Gesellschaft macht die Gleichheit zum Maßstab, an dem die ungleichen Individuen gemessen werden. Die Gleichheit in uns unterdrückt die Ungleichheit in uns, unser gesellschaftlicher Charakter unsere Individualität. Die Gesellschaft darf aus den ungleichen Individuen keine gleichen Individuen machen. Eine Gesellschaft von Gleichen ist keine Utopie, sondern eine Dystopie. Nur eine Gesellschaft von Ungleichen verdient es überhaupt, eine Gesellschaft genannt zu werden. Wenn alle Menschen gleich sind, dann ist es keine Gesellschaft, sondern nur der gleiche Mensch, millionenfach. Unser gemeinsamer Nenner in der Gesellschaft sollte unsere Ungleichheit sein. Wenn uns die Gleichheit in der Gesellschaft verbindet, dann steht unsere Ungleichheit zwischen uns und der Gesellschaft. Das Individuum begreift, dass es gleich sein muss, um in der Gesellschaft Anschluss zu finden. Auf diese Weise setzt die Gesellschaft das Individuum in ein ungesundes Verhältnis zu sich selbst. Statt seine Ungleichheit zu verwirklichen, blickt es mit Argwohn auf sie. Das Individuum entwickelt sich weg von seiner Ungleichheit, hin zur abstrakten Gleichheit der Systeme. Die Gleichheit beschreibt den gesellschaftlichen Anteil in den Individuen, die Ungleichheit den individuellen Anteil einer Gesellschaft. Die Gleichheit der Gesellschaft und die Ungleichheit der Individuen müssen sich die Waage halten. Weder das eine noch das andere Extrem sind wünschenswert. Es braucht die gleichen Elemente in einer Gesellschaft, aber auch die ungleichen Elemente der Individuen. Heute wird die

Ungleichheit der Individuen durch die Gleichheit der Gesellschaft bedroht. Die Gleichheit wird zum Teufelskreislauf: Je gleicher wir werden, desto gleicher müssen wir sein. In der Demokratie wird dieser Vorgang systemisch, denn die Gleichheit erzielt die Mehrheiten, die die Ungleichheit, qua ihrer Einzigartigkeit, gar nicht erzielen kann. Es ist eine natürliche Folge der Demokratie, die darauf abzielt, eine Gleichheit zu erzeugen, die in der Natur gar nicht vorkommt. Gleich sind die abstrakten Menschen, wie die Schatten gleich sind, man erkennt nur noch ihre Konturen. Der abstrakte Geist der Systeme unterdrückt den konkreten Geist jedes Einzelnen. Die Natur da draußen wird zerstört, aber auch die Natur in uns. Wenn die Gleichheit zur Bedingung der Freiheit wird, dann wird aus der Freiheit der Individuen eine Unfreiheit.

Die Menschen sind nicht gleich, und sie sollen es auch nicht werden. Sie sind gleich in der Gesellschaft, und vor dem Gesetz, aber als ungleiche Individuen. Sie sind in einem Wort — *gleichwertig*. Sie sind ungleich, aber gleichwertig. Wenn man von einer Ungleichwertigkeit der Menschen ausgeht, dann wird die Gleichheit zum Instrument, um diese vermeintliche Ungleichwertigkeit aufzuheben. Man wirkt dann auf eine Gleichheit hin, um die Menschen vermeintlich gleichwertig zu machen. Aber das ist ein Irrweg, denn die Menschen sind bereits gleichwertig, sie sind es von Natur aus, und man muss sie nicht gleich machen, um sie gleichwertig zu machen. Wenn die Gleichwertigkeit der Menschen auf ihrer Gleichheit basiert, dann steht und fällt sie mit jener Gleichheit. Die Gleichheit der Individuen wird zur ständigen Bedingung ihrer Gleichwertigkeit in der Gesellschaft. Aus der gesunden Ungleichheit der Individuen wird ihre ungesunde Gleichheit in den Systemen. Statt ein individuelles Leben zu führen, verwirklichen wir uns systemisch, das heißt gesellschaftlich, marktwirtschaftlich, demokratisch. Die Systeme knüpfen unseren Wert an unsere Gleichheit, und damit unterdrücken sie unsere Individualität. Nicht als Individuen sind wir wertvoll, in dieser Hinsicht sind wir wertlos, sondern als gleiche Individuen in den Systemen. All das basiert auf der unwahren Prämisse, dass die Menschen von Natur aus ungleichwertig sind, und dass ihre Gleichwertigkeit erst hergestellt werden muss. Das ist falsch, denn die natürliche Bedingung der Menschen ist ihre Gleichwertigkeit, die verbunden ist mit ihrer Ungleichheit. Das Individuum ersetzt seine Ungleichheit mit der systemischen Gleichheit, aber damit wird es nicht gleichwertig, denn das war es bereits. Es wird eben nicht gleichwertig als Individuum, sondern in den Systemen. *Die Systeme* knüpfen unsere Gleichwertigkeit an unsere Gleichheit. *Die Systeme* wollen die Gleichheit der Individuen. Und warum wollen sie unsere Gleichheit? Weil ein ungleiches Individuum für sich selbst lebt, erst das gleiche Individuum für die Systeme. Gesellschaft, Demokratie und Marktwirtschaft erwachen in den gleichen Individuen zum Leben. Die Ungleichheit der Individuen ist die Hürde, die zwischen den Systemen und ihrer Verwirklichung steht. Die Systeme werden umso freier, je stärker die Individuen sie verkörpern. Aus freien, ungleichen Individuen werden die unfreien, gleichen Individuen der Systeme. Aber wer tut das alles? Wer steckt hinter dieser Weltverschwörung? Niemand. Es ist das natürliche Gebaren der Systeme. Die Marktwirtschaft macht aus der Welt einen Markt, auf dem gekauft und verkauft wird. Die Gesellschaft nivelliert die Individuen, bis diese ihr zum Verwechseln ähnlich sehen. Die Demokratie ist die Herrschaft der Gesellschaft, deren Übermacht sie forciert. Die Systeme treiben uns in die Abhängigkeit von ihnen. Der Mensch ist nicht gleich und gleichwertig. Er ist ungleich und gleichwertig. Die Systeme ersetzen unsere natürliche Ungleichheit mit der systemischen Gleichheit. Das Individuum empfindet seine Ungleichheit als wertlos und damit sich selbst, denn die Ungleichheit ist nur ein Synonym für seine Individualität. Der Mensch hat einen absoluten, keinen relativen Wert. Niemand muss sich seinen Wert verdienen, denn jeder Mensch wird mit ihm geboren. Unsere Gleichwertigkeit ist verbunden mit unserer Ungleichheit als Individuen. Wir sind gleichwertig als ungleiche, nicht als gleiche Individuen. Erst die Systeme knüpfen unseren Wert an unsere Gleichheit. Wir sollen gesellschaftlich, demokratisch, marktwirtschaftlich werden, um uns eine Gleichwertigkeit zu verdienen, mit der wir in Wahrheit geboren wurden. Also geben wir unsere Individualität auf, um den systemischen Charakter mit Leben zu füllen. Statt frei und ungleich zu sein, werden wir immer unfreier und gleicher in den Systemen.

Die Gleichheit der Gesellschaft darf nicht zu einer Gleichheit der Individuen führen. Unsere Ungleichheit, nicht unsere Gleichheit soll uns gesellschaftlich verbinden. Wenn die Individuen in einer Gesellschaft gleich sind, dann ist die Gesellschaft stark, aber die Individuen sind schwach. Das Individuum darf seinen Wert nicht mit seiner Gleichheit assoziieren. Weil dann die Gleichheit zur Bedingung unserer Gleichwertigkeit wird. Oder die innere Gleichheit zur Voraussetzung unserer äußeren Gleichheit. Die äußere Gleichheit muss auf unserer inneren Ungleichheit beruhen. Man darf keine innere Gleichheit erzeugen, geschweige denn voraussetzen, um eine äußere Gleichheit zu schaffen. Das Individuum fühlt sich dann wertlos, in dem Maße, wie es ungleich ist, und wertvoll nur, indem es gleich wird. Damit entwertet man das Individuum, und man treibt es in die gesellschaftliche Abhängigkeit. Das Individuum, das seinen Wert durch sich selbst beziehen soll, bezieht ihn stattdessen von den Systemen. Damit sind die Systeme mächtig, und wir sind passiv und schwach. In den Systemen erschaffen wir unseren künstlichen Wert, der uns von unserer individuellen Wertlosigkeit befreit. Womit wir, aus Sicht der Systeme, höherwertig sind als die anderen. Am Ende dieser Entwicklung ist der Mensch gleich und ungleichwertig. Statt, was er von Natur aus ist: ungleich und gleichwertig. Die Menschen in den Systemen besitzen einen höheren Wert als die Menschen außerhalb. Selbst innerhalb der Systeme besitzen diejenigen einen höheren Wert, die in ihnen aufsteigen. Das heißt die Systeme machen uns nicht gleich und gleichwertig, sondern: gleich und ungleichwertig. Wir sind von Natur aus gleichwertig, aber in den Systemen ungleichwertig, und zu allem Überfluss auch noch gleich, sodass wir nicht einmal als Individuen ungleichwertig sind, sondern als abstrakte Menschen des Systems. All das geschieht heimlich, denn es ist eine innere, keine äußere Unterwerfung. Aus einer gesunden Gesellschaft von ungleichen Individuen wird eine ungesunde Gesellschaft von gleichen Individuen. Niemals darf das Individuum in dieser Form durch die Gesellschaft beherrscht werden. Wer die Ungleichheit in den Individuen unterdrückt, der unterdrückt überhaupt die Individuen in der Gesellschaft. Die Gleichheit wird zur Bedingung des Individuums, das gleich sein muss, um in der Gesellschaft stattzufinden. Unsere Freiheit in den

Systemen ist geknüpft an unsere Gleichheit in den Systemen. Die Freiheit der Systeme erreicht ihr Maximum, wenn die Menschen maximal gleich sind. Die ungleichen Menschen leben für sich, erst die gleichen Menschen für die Systeme. In der Demokratie herrscht die Gesellschaft, und damit die Gleichheit. Auf diese Weise wird die Ungleichheit systematisch unterdrückt. Die Gleichheit wird zur Forderung an jedes Individuum, das an den Systemen partizipiert. Unser innerer Wert wird definiert durch unseren äußeren Wert in den Systemen. Die Gesellschaft negiert unseren natürlichen Wert, sie weist uns stattdessen einen künstlichen Wert zu. Künstlich ist dieser Wert, weil er von Natur aus gar nicht existiert. Der neue Wert, der hier entsteht, ist nur vermeintlich unser individueller Wert, in Wahrheit unser systemischer Wert. Die Systeme setzen unseren Wert auf null, damit sie uns einen neuen, variablen Wert zuweisen können. Dieser künstliche Wert ist eine Funktion unserer Anpassung an die Systeme. Wir sind abhängig von den Systemen, die abhängig von uns sein sollten. Niemals dürfen uns die Systeme auf diese Weise unterwandern. Die Systeme sollen für uns gemacht sein, nicht wir für sie. Der Wert des Menschen ist absolut und unveränderbar. Hätte der Mensch einen numerischen Wert, so wäre dieser Wert 1. Jeder Mensch ist 1 wert, nämlich einen Menschen. Es gibt keine 0 und keine 2. Die Systeme setzen unseren Wert auf 0, um uns einen relativen Wert zuzuweisen. Aber das ist nicht unser individueller Wert, es ist unser systemischer Wert, oder unser Wert in den Systemen.

Die Gesellschaft ist die herrschende Kraft in einer Demokratie. Jeder Mensch partizipiert an dieser Herrschaft, indem er Teil der Gesellschaft ist. Aber als Individuum wird er durch die Gesellschaft beherrscht. Es entsteht ein ungesunder Einfluss auf das Individuum, das seine Individualität mit seiner Unterlegenheit assoziiert, die Gesellschaft dagegen mit Macht und Einfluss. Aus der individuellen Freiheit wird eine Unfreiheit, die das Individuum erst überwindet, indem es seine Freiheit gesellschaftlich interpretiert. Das Individuum hat die Wahl, entweder es wird als Individuum durch die Gesellschaft beherrscht oder es herrscht mit der Gesellschaft über die Individuen. Seine Abhängigkeit überwindet es, indem es seine Freiheit in die Gesellschaft verlegt. Am Ende dieser Entwicklung herrscht die Gesellschaft über alle Individuen in ihren Reihen. Wie sich die Schneeflocken zur Lawine akkumulieren, so bildet sich eine übermächtige Gesellschaft, die jedes Individuum überrollt, das sich ihr in den Weg stellt. Das Individuum partizipiert an der Gesellschaft, aber in steter Abhängigkeit von seiner Stellung in ihr. Die Gesellschaft hebt und senkt den Daumen über jedes einzelne ihrer Mitglieder. Es entsteht ein gefährliches Ungleichgewicht zwischen Gesellschaft und Individuum, das in einer Demokratie immer weiter aus den Fugen gerät. Es ist der Aufgang einer Gesellschaft von Gleichen, in der die Individualität zur Posse wird und die Gesellschaftlichkeit zur Pflicht. Die Gesellschaft entwickelt vermeintliche Selbstheilungskräfte, die aber darin bestehen, dass sie jeden Anflug von Individualität bereits im Keim ersticken. Die Individualität ist zunächst ein Ärgernis, schließlich ein Vergehen oder ein Verstoß. Die Gesellschaft wird immer stärker, die Individualität immer stärker bedroht. Die Gesellschaft setzt sich zunehmend aus diesen abstrakten Gesellschaftsmenschen zusammen, die eine Individualität aufführen, die sie innerlich überhaupt nicht repräsentieren. Es ist die gleiche Freiheit, die jeder Einzelne nur ungleich verwirklicht. Es ist die gesellschaftliche Freiheit unfreier Individuen, oder die individuelle Unfreiheit einer freien Gesellschaft. In einer gesunden Gesellschaft verwirklicht jedes Individuum seine eigene Freiheit, in einer ungesunden Gesellschaft jedes Individuum die gleiche. Die Macht einer Gesellschaft ist eine Funktion der Gleichheit ihrer Mitglieder. Je gleicher die Gesellschaft, desto dominanter wirkt sie, desto passiver die Individuen. Umgekehrt gilt: Je größer die Ungleichheit, desto dominanter die Individuen, desto passiver und schwächer die Gesellschaft als Konstrukt. Die Gesellschaft bezieht ihre Macht von der Gleichheit ihrer Mitglieder. Wenn die Gesellschaft ihre Macht grenzenlos erweitert, dann wird die Gleichheit zur Norm, und zur Forderung an jedes Individuum. Die Systeme leben hoch, aber heimlich, in den Individuen, die ihre Individualität zugunsten der Systeme unterdrücken. Das ist der wahre Orwell, wenn aus der äußeren Herrschaft eine innere Herrschaft wird. Die Systeme dringen in unsere Seelen ein und sie beherrschen uns von innen. Die Gesellschaft soll ein passives Gefüge von aktiven Individuen sein, nicht, was sie heute ist, ein aktives Gefüge von passiven Individuen. Überall wird die gesellschaftliche Anpassung zum Gradmesser unseres individuellen Erfolgs. Je stärker sich das Individuum anpasst, desto erfolgreicher lebt es in den Systemen. Wenn sich die Individuen über ihre Gleichheit definieren, dann ist es das sichere Kennzeichen einer Übergesellschaft. Der Einfluss der Gesellschaft steigt ins Unermessliche, während die Individuen in der Gesellschaft verblassen. Die Gesellschaft verwandelt sich in den umkämpften Ort, der sie heute ist. Jeder kämpft für „seine" Gleichheit, weil jeder meint, „seine" Gleichheit wäre die beste. Jeder Einzelne erklärt sich selbst zur Norm, und alle anderen sollen diese Norm annehmen. Die Gesellschaft wird zu einem hässlichen Ort, an dem die Menschen darum streiten, wer sie anführen soll. So muss die Gesellschaft nicht sein, und so soll sie nicht sein. Alles beruht auf dieser irrigen Vorstellung, dass die Mitglieder einer Gesellschaft durch ihre Gleichheit miteinander verbunden sind. Aber was uns verbindet, ist, dass wir anders sind, nicht, dass wir gleich sind. Die Gleichheit darf nicht zur Norm werden, denn das führt dazu, dass sich die Menschen anfeinden, wann immer keine Gleichheit zwischen ihnen existiert. Ungleiche Individuen mögen ungleicher Meinung sein, aber in der Gesellschaft sollen sie vereint sein in ihrer Ungleichheit. Dann sind gegensätzliche Positionen keine feindlichen Positionen mehr, sondern nur noch das, was sie in Wahrheit sind, nämlich unterschiedliche Positionen. Wer die Gleichheit zur Norm macht, der polarisiert die Gesellschaft viel stärker, als wenn er die Ungleichheit zur Norm macht. Die Ungleichheit ist der natürliche Zustand der Menschen, die Gleichheit nur unser künstlicher Zustand in der Gesellschaft. Die Gesellschaft muss geprägt sein von der Ungleichheit ihrer Mitglieder. Wir sollen nicht ungleiche Rechte und Möglichkeiten haben, denn gleiche Rechte für ungleiche Menschen ist kein Widerspruch in sich. Man muss die Menschen nicht gleich machen, um gleiche Bedingungen zu schaffen. Man muss die Ungleichheit zur Norm machen, und die Gleichheit auf das gesellschaftliche Miteinander beziehen. In einer Gesellschaft von Gleichen ist die Gesellschaft mächtig, aber das Individuum klein. Alle Entwicklung geht heute dahin, wenn nicht eine solch extreme, dann doch eine vergleichbare Gesellschaft zu schaffen, die sich durch die Gleichheit ihrer Mitglieder auszeichnet. Homogenität ist kein wünschenswerter Zustand für eine

Gesellschaft. Auch eine faschistische Gesellschaft ist homogen. Erst wenn in einer Gesellschaft jeder anders denkt, ist es eine gute Gesellschaft.

Die Gesellschaft definiert sich über ihre Gleichheit, aber das Individuum über seine Ungleichheit. Beides muss zu einem gewissen Grad realisiert werden. Die Ungleichheit der Individuen müssen wir erhalten, aber eine gewisse Gleichheit muss existieren, ansonsten ist die Gesellschaft nur ein Wort für die Summe der Individuen. Die Gleichheit der Gesellschaft und die Ungleichheit der Individuen müssen sich in einem gesunden Verhältnis zueinander bewegen. Heute kippt dieses Gleichgewicht zunehmend, und zwar zu Ungunsten der Individuen. Statt einer gleichen Gesellschaft von ungleichen Individuen bilden wir zunehmend eine Gesellschaft von gleichen Individuen. Die gleiche Gesellschaft wird immer mächtiger, und sie bedroht uns als Individuen. Wenn sich die Gesellschaft über die Gleichheit ihrer Mitglieder definiert, dann ist es eine Gesellschaft, die uns als Individuen unterdrückt. Die Gesellschaft wird zum Berg, den man erklimmen muss, aber die Höhenmeter, die man zurücklegt, bezahlt man mit seiner gesellschaftlichen Anpassung. Man wird mächtig in der Gesellschaft, aber gleichzeitig furchtbar abhängig von ihr. Auf dem Gipfel dieses Berges stehen die Menschen, die ihre Gleichheit perfektioniert haben. Aber das ist eine zweifelhafte Perfektion, die darin besteht, vollkommen gesellschaftlich und überhaupt nicht mehr individuell zu sein. Es ist eine Gesellschaft, in der das Gewöhnliche glorifiziert und ins Himmlische emporgehoben wird. Das konkrete Individuum verblasst, der abstrakte Mensch der Gesellschaft übernimmt. Abstrakt sind die Menschen, weil das Abstrakte sie anleitet. Es sind die abstrakten Werte und Ideale der Systeme, die wir in uns verwirklichen. Die Gesellschaft erweitert ihren Einfluss, die Demokratie sichert ihr die Macht, und die Marktwirtschaft ist das Instrument ihrer Herrschaft. Die Systeme türmen sich vor uns auf wie drei Türme, die so weit in den Himmel ragen, dass man ihr Ende nicht erkennt. Aber dann muss man sich vergegenwärtigen, dass die Gesellschaft nur ein System ist, nichts Organisches, und damit ist sie kein Berg, sondern eine Menschenpyramide. Auf dieser Menschenpyramide geht jeder, wenn nicht über Leichen, dann doch über Menschen, die wie

Leichen leben. Denn was ist mächtig, wenn dieser Berg nur aus Menschen besteht? Dann muss es das Konstrukt sein, das wir gebildet haben, das Prinzip, Freiheit mit Aufstieg gleichzusetzen, Unfreiheit mit Abstieg, überhaupt die Auflösung der Individuen in diesem sozialen Konstrukt. Frei ist nur das System, das wir gebildet haben, das sich aber nicht mehr unter unserer Kontrolle befindet, sodass wir auf diesem gesellschaftlichen Berg nach oben klettern, als wäre das unsere einzige Aufgabe im Leben. Die Menschheit muss endlich die Hierarchien überwinden. Wir sind immer noch gefangen in dieser hierarchischen Art und Weise, uns zu organisieren. Niemand soll beherrscht werden, aber das heißt auch, dass niemand die anderen beherrscht. In den Worten Lincolns: *As I would not be a slave, so I would not be a master* — ,Wie ich kein Sklave sein will, so will ich kein Herr sein'. Wir dürfen Gesellschaft nicht mit Kampf und Konfrontation gleichsetzen. Jeder soll frei sein und sich frei verwirklichen. Die Menschen sollen nicht den Willen der Gesellschaft verwirklichen, sondern ihren eigenen Willen als Individuen. Niemals darf die Gesellschaft zum ethischen Prinzip der Individuen werden. Eine Gesellschaft ist immer nur so stark wie die Individuen in ihr. Wer die Individuen aufgibt, um die Gesellschaft zu gewinnen, der wird am Ende beides verlieren. Wenn die Individuen schwach sind, dann ist auch eine Gesellschaft in Wahrheit schwach. Sie ist dann eine Armee von zehntausend Schwächlingen. Man kann eine Gesellschaft nicht stärken, indem man ihre Mitglieder schwächt. Die Gesellschaft ist dann stark als System, aber innerlich ist sie schwach. Es ist eine äußere Stärke, gegründet auf der inneren Schwäche ihrer Mitglieder.

Die Freiheit der Gesellschaft basiert zu einem gewissen Grad auf der Unfreiheit ihrer Mitglieder. Das Individuum gibt einen Teil seiner Freiheit auf, um sich der Gesellschaft anzuschließen. Für die Gesellschaft gilt, dass sie sich gemeinsame, nicht individuelle Grenzen setzt. Also ist die gesellschaftliche Freiheit verbunden mit einer relativen individuellen Unfreiheit. Das Gleichgewicht zwischen individueller und gesellschaftlicher Freiheit muss aber gewährleistet sein. Weder die Individuen noch die Gesellschaft sollen unfrei sein. Die Freiheit einer Gesellschaft ist immer die Freiheit ihrer unfreiesten Mitglieder. Eine Gesellschaft ist in Wahrheit nicht frei, wenn es unfreie Menschen in ihr gibt. Die politische Freiheit trifft heute auf eine psychologische Unfreiheit. Die Gesellschaft blickt mit Argusaugen auf jedes einzelne ihrer Mitglieder. Jeden Fehltritt, jede abweichende Meinung moniert sie. Es ist der Weg in eine Übergesellschaft, in der das Individuum nur noch Teil einer Kette ist. Die Gesellschaft hat nur Augen für das gesellschaftliche Individuum. Aber damit hat sie überhaupt keine Augen für das Individuum, sondern nur für sich selbst. Es ist der Fluch der Gleichheit. Was nicht gesellschaftlicher Konsens ist, das wird überhaupt nicht mehr angehört. Das Individuum muss gleich sein, ansonsten wird es von der Gesellschaft nicht wahrgenommen. Aber das ist eine arme Gesellschaft, innerlich ist sie arm, denn sie verliert ihre Individualität. Statt uns als Individuen zu verwirklichen, unterdrücken wir unsere Individualität, um uns in der Gesellschaft zu verwirklichen. Die gleiche Gesellschaft siegt über ihre ungleichen Mitglieder. Die Gesellschaft einigt sich auf einige, wenige Ideen, die jeder Einzelne von uns individuell verwirklicht. Aber die Ungleichheit der Individuen ist die Luft in den Lungen der Gesellschaft. Eine Gesellschaft von Gleichen atmet nicht mehr. Das ist der Weg, den wir heute gehen. Die Gleichheit nimmt zu, die Ungleichheit ab, und am Ende dieser Entwicklung wird die Gleichheit zur verbindlichen Wirklichkeit. Es ist eine leblose Gesellschaft, in der die Gewöhnlichkeit zur Staatsräson wird, und die Außergewöhnlichkeit zum Affront. Die äußere Freiheit setzt unsere innere Anpassung an die Systeme voraus. Wir denken nicht mehr individuell, sondern systemisch, das heißt gesellschaftlich, marktwirtschaftlich, demokratisch. Statt unseren individuellen Charakter herauszubilden, wird der systemische Charakter in uns hineingebildet. Die Systeme definieren ihr Ideal des Menschen, und an diesem Ideal messen sie uns. Aber das Individuum soll sich nicht über seine Stellung in den Systemen definieren, sondern über sich selbst. Die äußeren Systeme dürfen keine inneren Systeme werden. Das ist die Gefahr, die von allen Systemen ausgeht. Jedes System strebt dahin, ein inneres System zu werden, weil es damit seinen Einfluss erweitert und ihn grenzenlos verwirklicht. Das Individuum ist immer die Hürde für jedes System, denn wo das Individuum beginnt, da enden die Systeme. Aber die Systeme verschieben die Grenzen immer weiter nach innen. In der Kollektivität unserer Systeme verwirklichen wir eine systemische Individualität, die aber voraussetzt, dass wir unsere wahre Individualität unterdrücken. Aus unserem individuellen Charakter wird der systemische Charakter, der uns alle vereint. Unsere Individualität weicht einer Kollektivität in Gesellschaft, Marktwirtschaft und Demokratie. Wir sind äußerlich frei, aber als abstrakte Menschen in den Systemen. Eine kollektive Individualität bleibt eine gut kaschierte Kollektivität. Heute ist die Kollektivität nicht ohne Weiteres zu erkennen, denn sie ist eine innere, keine äußere Kollektivität. Das ist die ethische Gefahr unserer Zeit. Dass wir innerlich immer gleicher werden, während wir uns nur äußerlich unterscheiden. Wir interpretieren die Systeme individuell, aber verwirklicht wird hier nur die Kollektivität der Systeme. Das Individuum hat keinen Bezug mehr zu sich selbst, denn dieser Bezug steht und fällt mit den Systemen, in denen es sich verwirklicht.

Zur Demokratie

Schon Tocqueville hat erkannt, dass in der Demokratie nicht unsere Körper bedroht werden, sondern unsere Seelen. Die Gesellschaft herrscht demokratisch über sich selbst, und die Individuen herrschen mit, indem sie Teil der Gesellschaft sind. Aber damit herrschen sie nicht als Individuen, sondern „als Gesellschaft". Die Gesellschaft beherrscht die Individuen, und die Demokratie hat diesen Zustand als „Herrschaft des Volkes" herbeigeführt. Sie macht die Gesellschaft zur Norm, an der die Individuen gemessen werden. Das Individuum assoziiert seine Freiheit mit der Gesellschaft, und seine Unfreiheit mit seiner Individualität. Es kommt zum Exodus der Individuen in die Gesellschaft, die immer mächtiger wird. Aus dem gesunden Gleichgewicht von Individuum und Gesellschaft wird ein Ungleichgewicht, das wie ein Pendel einseitig zur Gesellschaft ausschlägt. Die Gesellschaft spielt Gott in den Individuen, und das Individuum verhält sich beinahe religiös zu ihr. Sie ist das Absolute, von dem wir empfangen, das uns gibt und das uns nimmt. Es entsteht ein gefährlicher Schiefstand im Individuum, das seinen Wert von der Gesellschaft bezieht. Die Abhängigkeit des Individuums von der Gesellschaft bleibt eine gefährliche und eine gefährlich unterschätzte psychologische Tatsache unserer Zeit. Das Individuum, das nur äußerlich frei ist, während es sich innerlich gefangen fühlt, agiert destruktiv, weil es eine Freiheit ausagiert, die es in sich als Unfreiheit erlebt. Die äußere, materielle Freiheit wird dann gleichgesetzt mit der individuellen Freiheit. Das Individuum überwindet seine innere Unfreiheit, indem es sich äußerlich verwirklicht. Aus der produktiven Freiheit der Individuen wird ihre destruktive Freiheit in den Systemen. Hier beginnt die Dystopie des modernen Menschen, der ohnmächtig in seinen Systemen lebt, als Schöpfung seiner eigenen Schöpfung.

Heute ist die Gesellschaft nicht mehr das Bedrohte, wie sie es in der Vergangenheit war. Heute ist sie das Bedrohende. Die Gesellschaft wird zur herrschenden Kraft, und zur geltenden Norm, an der sich die Individuen orientieren. Man belohnt die Individuen für ihre Gewöhnlichkeit, und man tadelt sie für ihre Außergewöhnlichkeit. Die Gesellschaft wird immer mächtiger, das Individuum immer ohnmächtiger. Die Gesellschaft soll die natürliche Gemeinschaft der freien Individuen sein, nicht, was sie heute ist, ihre künstliche Verschmelzung zu einem gemeinsamen, gesellschaftlichen Körper. Die Demokratie schützt das Individuum äußerlich, aber innerlich bedroht sie es, indem sie die Gesellschaft zu Gott macht und das Individuum zum Büßer, der sich vor diesem gesellschaftlichen Gott erklären muss. Auf diese Weise unterdrückt sie die individuellen Elemente in der Gesellschaft, die Ideen, die Visionen, überhaupt das Besondere, das ertränkt wird im Gesellschaftsgeist, der munter vor sich hin regiert, aber auf der Stelle, weil er keine eigenen Ideen hat, sondern nur die alten wiederkäut. Diesem Zustand sind wir heute näher, als wir es uns eingestehen. Der wahre Kernspruch der Demokratie ist nicht das Suum Cuique, sondern das Idem Cuique. Jedem das Gleiche. Wenn die Gesellschaft zur Regentin wird, dann wird die Norm zur Doktrin. Alle verhalten sich passiv zu dieser Norm, die den Willen und das Wesen der Gesellschaft ausdrückt. Die Gewöhnlichkeit der Gesellschaft unterdrückt die Außergewöhnlichkeit ihrer Mitglieder. Auch ein Gefangener ist frei — in seiner Zelle. Die Gesellschaft wird zum goldenen Käfig, in dem wir uns frei bewegen können, den wir aber nicht mehr verlassen können. Was sich innerhalb der Norm bewegt, das wird durch die Gesellschaft abgesegnet, alles andere abgesägt. Wo unsere Individualität der Gesellschaft entspricht, da bleibt sie erhalten, aber wo sie von ihr abweicht, da wird sie unterdrückt. Die Gesellschaft lässt die Individualität nur zu, solange sie mit ihr konform geht. Auf diese Weise fördert die Gesellschaft die Gewöhnlichkeit ihrer Mitglieder. Die Gesellschaft wird immer gewöhnlicher, und immer mächtiger in ihrer Gewöhnlichkeit. Die Individuen sind stark, wenn sie gewöhnlich sind, und schwach, wenn sie ungewöhnlich sind. Die Gesellschaft erscheint als übermächtiges Konstrukt, das die Individuen nicht fördert, sondern verhindert. Sie ist den Individuen feindlich, nicht freundlich gesinnt. Das Individuum lebt äußerlich frei, aber innerlich unfrei in den Systemen. Die innere Unfreiheit ist nur die andere Seite dieses Janusgesichts, das uns in Gestalt der äußeren Freiheit gegenübertritt. Das Individuum passt sich den Systemen an und es unterdrückt seine Individualität. Statt starker Individuen in einer starken Gesellschaft erzeugt die Demokratie schwache Individuen in einer starken Gesellschaft. Cäsarisch hebt und senkt die Gesellschaft den Daumen über jedes einzelne ihrer Mitglieder. Wir steigen als gesellschaftlicher Phoenix aus unserer individuellen Asche. Aber dieser Phoenix ist kein Unikat mehr, er ist ein Replikat, es gibt ihn millionenfach, und eines dieser Replikate sehen wir, wenn wir in den Spiegel blicken. Das Individuum verblasst in der Gesellschaft, in der es in Gestalt der Menge wiederaufersteht.

Was die Individuen in einer Gesellschaft verbindet, das ist ihre Gleichheit. Je ungleicher die Individuen, desto weniger bilden sie eine Gesellschaft. Die Gesellschaft soll stark sein, aber nicht auf Kosten der Individuen. Wenn die Stärke der Gesellschaft auf der Schwäche ihrer Mitglieder beruht, dann ist es keine wünschenswerte Gesellschaft. Heute entwickeln wir uns dahin, eine Gesellschaft von gleichen Individuen zu werden. Wir schaffen eine gesellschaftliche Gleichheit, indem wir die Individuen gleich machen. Das Individuum wird in seiner Ungleichheit nicht geschützt, sondern bedroht. Die Gleichheit der Gesellschaft bedroht die Ungleichheit ihrer Mitglieder. Aber eine Gesellschaft darf nicht gleicher werden, indem ihre Mitglieder gleicher werden. Sie muss gleicher werden, während ihre Mitglieder ungleich bleiben. Diesen Balanceakt muss die Gesellschaft leisten. Niemals darf die Gesellschaft die individuellen Elemente in ihren Reihen unterdrücken. Die Gesellschaft muss das Dach sein, nicht das Gebäude. Früher waren die Bedingungen „zu wenig" gleich, und „zu wenig" frei. Heute sind sie „zu viel" gleich, und „zu viel" frei. Das ist die politische Herausforderung unserer Zeit. Die Gleichheit und die Freiheit, die wir grenzenlos gestaltet haben, wieder einzufangen. Unsere Freiheit ist eine Maßlosigkeit geworden, und unsere Gleichheit bedroht unsere Individualität. Das ist die wahre Dystopie. Keine Welt von Maschinenmenschen, die identisch aussehen und Ziffern statt Namen haben. Das ist Science Fiction. Die wahre Dystopie ist die innere Gleichheit. Nicht ungleiche Seelen gefangen in gleichen Körpern, sondern gleiche Seelen gefangen in ungleichen Körpern. Eine innere Anpassung, keine äußere, eine Angleichung der Individuen an die Systeme. Äußerlich sind wir einzigartig, aber innerlich sind wir gleich. Gleiche Seelen, systemische Seelen, gesellschaftlich, demokratisch, marktwirtschaftlich. Äußerlich anders, innerlich gleich. Auf diesen Zustand wirkt die Demokratie hin. Aber wenn die Gleichheit zur Bedingung der

Freiheit wird, dann ist es eine wertlose Freiheit, nämlich weil dann das Individuum wertlos ist. Die Gleichheit der Gesellschaft muss unter Erhalt, nicht unter Aufgabe unserer Ungleichheit realisiert werden. Die Ungleichheit ist das Prinzip des Lebens. Jede Seele ist einzigartig. Wer den Menschen ihre Ungleichheit nimmt, der unterdrückt ihre Individualität. Wir müssen uns vor den Systemen schützen, vor allem innerlich. Der Mensch wird weder frei noch gleich geboren. Er wird unfrei und ungleich geboren. Frei soll er werden, ungleich soll er bleiben. Die Gesellschaft macht die Menschen gleich, und innerhalb ihrer Gleichheit frei. Dann sind wir frei in unserer Gleichheit, aber wir bleiben damit unfrei in unserer Ungleichheit. Die Freiheit des Individuums ist dann an dessen Gleichheit gebunden. Das Individuum nimmt den Charakter der Gesellschaft an, der ihm, mit seiner Gleichheit, die Freiheit garantiert. Aber das ist eine Verirrung der Gesellschaft, und eine Verwirrung des Individuums, das ungleich sein soll, und frei nur innerhalb seiner Ungleichheit. Frei als ungleiches Individuum, nicht als gleiches Individuum der Gesellschaft. Wenn die Freiheit an die Gleichheit gebunden ist, dann ist die Unfreiheit des Individuums an dessen Ungleichheit gebunden. Das Individuum begreift, dass es gleich werden muss, um frei zu sein, weil es unfrei ist als Individuum, frei erst in der Gesellschaft. Aus dem ungleichen Individuum wird das gleiche Individuum der Gesellschaft, und dann muss man schon fragen, wie viel von diesem Individuum noch übrig ist. Das Individuum sieht sich konfrontiert mit seiner Unfreiheit, die erst die Systeme in eine Freiheit umwandeln, aber unter ihren Bedingungen. Die Freiheit ist dann das Zuckerbrot, die Gleichheit die Peitsche, und das Individuum muss gleich sein, um frei zu sein.

Wie handlungsfähig sind wir heute in der Demokratie? Das System macht nicht den Eindruck, als wäre es manövrierfähig. Unsere Parlamente sind zu voll, unsere Gesellschaften zu träge, unsere Entscheidungen zu zögerlich, unsere Maßnahmen zu passiv. Kann dieses System handeln? Kann es die Welt verändern? Die großen Entscheidungen werden diskutiert, nur die kleinen Entscheidungen werden getroffen. „So funktioniert die Demokratie". Aber funktioniert sie dann noch? Hunderte Menschen regieren unter Mithilfe von Tausenden, getragen durch Millionen, alle regieren mit, aber niemand regiert. Mehrheiten werden nicht erzielt oder viel zu langsam, weil sich der ganze Apparat nicht mehr dazu in der Lage sieht, dynamisch zu handeln. Der Staat sollte in vielerlei Hinsicht wie ein Unternehmen geführt werden, er wird stattdessen wie eine in die Jahre gekommene Stadtbibliothek geführt. Wenn das System die Veränderung unmöglich macht, wenn sich der Status Quo so verhärtet, dass er nicht mehr veränderbar ist, wenn die Gesellschaft jeden Einzelnen bis zur Unkenntlichkeit verwischt, wenn nur noch Massenproteste von hunderttausenden Menschen über drei Ecken die kleinste bürokratische Veränderung herbeiführen, und wenn all das durch Staat und Recht getragen wird, in einer Welt, die rapide vor unseren Augen kollabiert — dann muss man schon fragen, ob dieses träge System, das die Veränderung viel schwerer macht als die Verwaltung in seiner heutigen Ausgestaltung noch das richtige ist. Die Politik muss dynamisch bleiben. Was gestern richtig war, kann heute falsch sein. Das bedeutet nicht, dass es gestern nicht richtig war, sondern nur, dass es heute nicht mehr richtig ist. Wir können keine Politik wie vor 150 Jahren betreiben. Die Welt ist heute eine andere. Das wahre Risiko unserer Zeit ist nicht die schlechte Entscheidung, sondern das Ausbleiben der Entscheidung. Heute erleben wir das. Große Politik ist nicht mehr möglich, nur noch kleine Politik lassen die Systeme zu. Dabei braucht es große Politik, um die Herausforderungen der Gegenwart zu bewältigen. Es ist naiv, zu glauben, wenn wir andere Produkte im Supermarkt kaufen, dann wird sich die Erde schon von uns erholen. Unfähig zur Entscheidung, voller Angst vor ihren Konsequenzen, entscheiden wir nichts, weil niemand entscheiden will. Oder kann. So funktioniert die Demokratie. Aber so funktioniert sie nicht. Es ist ein System, das sich selbst erhält, auf die schlechteste Art und Weise. Das System erlaubt keine Durchlässigkeit, keine inhaltliche, generationale, soziale Durchlässigkeit, weil sich nur durchsetzt, was mit der Mehrheit spricht, während alles andere systemisch herausgefiltert wird. Die Demokratie ist kein System, das entscheidet, sondern eines, das die Entscheidung immer schwerer macht und am Ende unmöglich. Auf dem dekadenten Niveau, auf dem sich der Westen eingependelt hat, verweilen wir, unfähig, den Wandel einzuleiten. Die Trägheit ist längst institutionell geworden, wir können uns nicht mehr bewegen in den Fesseln unserer Ideale. Dann heißt es, das ist die Freiheit, es ist die Freiheit der Gesellschaft. Aber diese Freiheit ruiniert den Planeten. Wir werden die Erde nicht retten können, ohne unsere Freiheit einzuschränken.

Wir setzen die Demokratie immer gleich mit den Persönlichkeitsrechten. Dabei hat das eine überhaupt nichts mit dem anderen zu tun. Die Demokratie ist die Herrschaft des Volkes. Man könnte ohne weiteres anders herrschen, und die Individuen dabei schützen *wie in der Demokratie*. Es gibt die Demokratie nicht nur „ganz oder gar nicht". Es gibt sie in unzähligen Schattierungen. Wenn die Mehrheit auf Kosten der Minderheiten regiert, dann wird aus der Demokratie ein oppressives System. Die vermeintlich gerechte Gesellschaft unterdrückt dann alle Minderheiten, die sich der Mehrheit nicht zugehörig fühlen. Heute geschieht das überall, dass die Mehrheiten gegen die Minderheiten regieren. Die Älteren gegen die Jüngeren, der Konsens gegen den Dissens, die Menge gegen die Individuen. Es etabliert sich ein demokratisches Zentrum, das geprägt ist von Stagnation und Konsens. So entsteht eine Korruption, eine ideologisch-geistige, weil sich das Bestehende auf diese Weise selbst erhält, während alles, was davon abweicht, nicht mehr zur Geltung kommt. Unsere Anpassung an die Gesellschaft wird zur notwendigen Voraussetzung unseres systemischen Erfolgs. Es ist die Freiheit der Gleichheit, und das ist inhärent eine Unfreiheit. Man spricht dann von der Mehrheitsgesellschaft, aber in Wahrheit schließt es alle Minderheiten aus. Es stärkt nicht den Zusammenhalt, sondern es treibt die Menschen auseinander. Statt zur Wiederwahl kommt es zur Widerwahl, und zum Widerwillen. Politisch wird der Diskurs immer einseitiger, alle sagen das Gleiche in unterschiedlichen Worten. Das echte Andere wird nicht mehr angehört, es summt seine Melodien, draußen in der Peripherie. Das ist die natürliche Entwicklung der Demokratie, hin zur homogenen Gesellschaft, weg von den ungleichen Individuen. Die Demokratie wird dann zum Problem, weil sich wie in einem kugelförmigen Körper in der Mitte das Konsensische sammelt. Eine solche Gesellschaft wird immer mächtiger, und der Druck, der auf den Individuen lastet, immer gewaltiger. Aber das ist ein Systemproblem. Es ist ein demokratie*theoretisches*, kein demokratie*praktisches*

Problem, das heißt man kann es nicht innerhalb des Systems lösen, weil das System selbst dieses Problem erzeugt. Die Mehrheit sammelt sich im Zentrum, und dieses verkörpert die Systeme. Gesellschaft, Marktwirtschaft und Demokratie. Es sorgt für eine systematische, weil systemische Ausgrenzung der Minderheiten, die politisch nach außen verdrängt werden. Eine solche Gesellschaft wird sich zunehmend polarisieren. Die Mehrheiten sitzen immer fest im Sattel, mehrheitsfähige Meinungen werden immer doktrinischer, unverhandelbarer. Der Konsens lässt sich nicht mehr auflösen, weil das Zentrum, repräsentiert durch die Mehrheit, zu zahlreich geworden ist. Das Zentrum reproduziert sich tausendfach, es wird institutionell, programmatisch, strukturell. Das ganze System entwickelt eine ungeheure Trägheit, es erscheint als kreisrundes Massiv, das sich weder von außen noch von innen reformieren lässt. Bildung und Kultur, Politik und Gesellschaft sorgen dafür, dass immer mehr Menschen ins demokratische Zentrum gezogen werden. Alles wird beliebiger, weil niemand mehr für sich spricht, jeder nur noch für die Gesellschaft. So entsteht eine Kultur der Stagnation. Etwas, das nichts verändert, sondern nur noch den Status Quo verwaltet. Eine solche Kultur ist ein Endstadium, sie entwickelt sich nicht fort, sondern überhaupt nicht mehr. Es ist ein System, das nur diejenigen anhört, die mehrheitsfähig sprechen, während es alle anderen wie Unsichtbare behandelt. Sichtbar und unsichtbar. Das ist die natürliche Entwicklung der Demokratie. Sichtbar sind all jene, die mit der Mehrheit sprechen, unsichtbar alle anderen. Es ist auf eine andere Art zutiefst undemokratisch, nur diejenigen zu akzeptieren, die den Konsens unterstützen. Die wahre Demokratie akzeptiert alle, die Minderheiten so sehr wie die Mehrheiten. In der demokratischen Mitte bildet sich nichts Neues, denn das Alte verhindert es. Indem die Mehrheit nur für sich selbst regiert und die Minderheiten überhaupt nicht repräsentiert, werden diese immer weiter an die Ränder verschoben. Die Distanz zum herrschenden Zentrum nimmt zu, und es kommt zur Entfremdung zwischen Zentrum und Peripherie. Wer zur Minderheit gehört, der existiert wie unsichtbar vor den Toren der Stadt. Es ist ein System, das unter der Prämisse zu einen, spaltet. Es spaltet die Gesellschaft in Sichtbare und Unsichtbare, Gewinner und Verlierer. Die Gleichheit wird zur notwendigen Bedingung, denn wer nicht gleich ist — wie das Zentrum —, der findet politisch nicht mehr statt. Die Ungleichheit wird zur Bürde, die jeder Einzelne ablegen muss, um sich der Mehrheit anzuschließen. Aber die Ungleichheit macht die Menschen einzigartig. Die Forderung der Gleichheit an das Individuum zu stellen, ist eine ethische Katastrophe. Das Individuum beliebig zu machen, damit es sich in die Gesellschaft einfügt, das ist der wahre Orwell, das ist der Weg in eine Übergesellschaft. Die Demokratie ist ein System, das unter dem Vorwand, alle zu repräsentieren, eigentlich nur die Mehrheit repräsentiert, und alle anderen überhaupt nicht. Diejenigen, die das System von innen verändern wollen, stellen fest, dass das System sie von innen verändert. Der Politiker wird frei geboren, doch er liegt überall in Ketten. Dann entschuldigt man sich für eine völlig legitime, sogar kluge Position, man muss zurückrudern, dabei hat man das erste Mal gesagt, was man wirklich denkt. Man kriecht zu Grabe, damit sie einen wieder aufnehmen, in die demokratische Mitte, und fortan vertritt man die generischen Positionen der Gesellschaft. Jede Veränderung beginnt im Kleinen, und sie arbeitet sich empor zu einer großen Veränderung. Aber diese kleinen Veränderungen werden in der Demokratie schon im Ansatz erstickt. Für die Veränderung braucht es die Mehrheiten, die eine Minderheit gar nicht erzielen kann, weil sie sich immer gegen die ganze Gesellschaft behaupten muss. Die Demokratie ist ein System der Verwaltung, kein System der Veränderung, und das Letzte, was wir heute brauchen, ist ein System der Verwaltung. Die Demokratie hat in dieser Hinsicht einen viel zu guten Ruf. Sie gilt immer als das System der schöpferischen Freiheit. In Wahrheit ist sie eher eine glorifizierte Verwaltung des Bestehenden, und viel besser darin, die schöpferischen Elemente abzuwürgen, als sie zu fördern. Die Demokratie erschafft nichts Neues, denn um politisch, gesellschaftlich zu erschaffen, braucht es die Mehrheiten, die das Neue niemals erzielt. Statt die Veränderung herbeizuführen, verwaltet die Demokratie das Bestehende. Aber das Bestehende ruiniert heute die Erde. Die Demokratie soll das Bestehende verändern, nicht verwalten. Wir brauchen ein politisches System, das es uns ermöglicht, zu entscheiden, dynamisch, entschlossen und immer handlungsorientiert. Die Demokratie ist heute fast das exakte Gegenteil. Sie ist träge, zaghaft und theoretisch. Unser politisches System muss die

Veränderung zur Priorität machen, und zur Normalität. Wir brauchen ein System, das den Herausforderungen unseres Jahrhunderts gerecht wird. Die Demokratie ist, wie die Gesellschaft und die Marktwirtschaft, ein grenzenloses System. Unser Wandel steht und fällt damit, dass sich eine gesellschaftliche Mehrheit für ihn erwärmt. Das Gute an der Demokratie ist es, dass man Mehrheiten erzielen muss, um etwas zu verändern. Das Schlechte an der Demokratie ist es, dass man Mehrheiten erzielen muss, um etwas zu verändern. Was als gute Idee beginnt, nimmt problematische Züge an, weil die Mehrheit so zahlreich wird, dass man sich nicht mehr gegen sie behaupten kann. Wer eine Veränderung herbeiführen will, der muss eine Mehrheit für sich gewinnen, und welche Veränderung beginnt schon mit einer Mehrheit? Jede echte Veränderung beginnt mit einer Minderheit, und sie widersetzt sich der Mehrheit. Aber die Mehrheit herrscht in der Demokratie, und sie allein bestimmt den politischen Kurs. Zur Veränderung kommt es nie, stattdessen nur zur Verwaltung des Bestehenden. Das Bestehende, das die Erde bedroht, bleibt erhalten, und die Demokratie sichert es ab. Das ist ein ernstes Systemproblem, in einer Zeit, die nichts nötiger hat als die Veränderung. Die Zustände von heute sollen nicht erhalten, sondern verbessert werden. Wenn es in einem Unternehmen keine Hierarchien geben würde, dann würde sich nichts bewegen, und das Unternehmen würde stehenbleiben. In der Demokratie geschieht genau das, alle sind involviert, die Hierarchien sind zu flach, zu viele Menschen sitzen in unseren Regierungen, Parlamenten, Gremien, es gibt keine klaren Grenzen mehr, jeder Sektor hat seine Lobbies, alles wird zwanzig-, dreißigfach diskutiert, und am Ende wird doch nicht gehandelt. Zu sagen, dass das System gut ist, weil wir erst handeln, wenn unsere Aktionen demokratisch beschlossen wurden, sieht über die Tatsache hinweg, dass es in der demokratischen Gesellschaft immer schwerer wird, diese Mehrheiten zu erzielen. Zumal es sich um Entscheidungen handelt, die sich nicht positiv, sondern negativ auf die Gesellschaft auswirken, positiv nur auf den Planeten. Eine Gesellschaft wird sich in den seltensten Fällen mehrheitlich für etwas aussprechen, durch das sie selbst eingeschränkt wird. Denn das bedeutet, innerhalb seiner Freiheit seine eigene Unfreiheit zu wählen, und wer tut das schon? Das Problem ist systemisch, weil die Demokratie nur die Gesellschaft befragt. Der vermeintliche Segen, dass uns das System vor Missbrauch schützt, wird zum Fluch, weil es uns überhaupt vom Gebrauch abhält. Die Demokratie wird zum stumpfen Schwert, mit dem man nicht mehr kämpfen kann, mit dem man nur noch so tun kann, als würde man kämpfen. Und gerade so tun wir heute, als würden wir die Welt retten. Das System ist phlegmatisch, es forciert die Handlung nicht, es unterbindet sie, und es macht sie schließlich zu einem Ding der Unmöglichkeit. Wir müssen ein System schaffen, das uns manövrieren lasst, statt uns im Schlamm festzusetzen, in dem wir dann, bei durchdrehenden Rädern, versuchen, uns zu befreien, während das System selbst uns in diesem Schlamassel festsetzt.

In der Demokratie herrscht die Mehrheit, sodass die gewöhnlichen Elemente übermächtig werden. Das Individuum verblasst in der demokratischen Gesellschaft, in der der Konsens regiert. Die Mehrheit wird immer einheitlicher und sie erklärt sich selbst zur Norm. Die Demokratie tendiert auf natürliche Weise hin zu diesem Zustand, an dessen Ende man, wie es Tocqueville schreibt, Freiheit und Gleichheit gar nicht mehr voneinander unterscheiden kann. Weil dann die Freiheit die Gleichheit voraussetzt, und die Gleichheit zur Bedingung der Freiheit wird. Die Gesellschaft ballt sich in ihrem Zentrum, und dort regiert die Mehrheit. Es entsteht ein starker Sog aus diesem Zentrum, der auf alle Individuen in der Gesellschaft wirkt. In der Demokratie ist Macht verbunden mit numerischer Überlegenheit. Je mehr Menschen der Mehrheit angehören, desto mächtiger wird diese. Aber die Gesellschaft herrscht bereits, und sie wird als Souveränin alles dafür tun, die Individuen in ihre Reihen einzugliedern. Die Individuen sollen gleich sein in der gesellschaftlichen Mitte. Diese innere Angleichung der Individuen an die Gesellschaft schreitet in der Demokratie auf natürliche Weise voran. Die Gleichheit, die hier entsteht, ist keine natürliche, sondern eine künstliche Gleichheit, und sie entsteht auf Kosten unserer natürlichen Ungleichheit. So gesehen basiert die Freiheit der Gesellschaft auf der Unfreiheit ihrer Mitglieder. Jeder ist dann Teil dieser Mehrheit, und jeder herrscht mit der Gesellschaft über die Individuen in den eigenen Reihen. Echte Individuen will die Gesellschaft nicht, sie will die abstrakten Individuen der

Gesellschaft. Die freien Individuen machen die Gesellschaft redundant, also macht die freie Gesellschaft die Individuen redundant. Der konkrete Mensch, der wir sind, ersetzt durch den abstrakten Menschen, der wir sein sollen. Die Gewöhnlichkeit wird zum politischen Programm, und die Regierung wird gebildet von den gewöhnlichsten Menschen der Gesellschaft, der einzige Superlativ, auf den diese Anspruch erheben können. Das Mittelmaß floriert in der Demokratie, während das Besondere, das Außergewöhnliche verloren geht. Es ist ein System, in dem diejenigen erfolgreich sind, die die Gleichheit am stärksten verkörpern. Die Gewöhnlichkeit steht an der Spitze der Gesellschaft, und das ist nun wirklich der letzte Ort, an dem die Gewöhnlichkeit stehen sollte. Es ist der innere Untergang einer Gesellschaft, die nur äußerlich floriert. Eine solche Gesellschaft strebt nicht nach vorne, sondern ins Mittelmaß, dorthin, wo alle das Gleiche sagen, denken, tun. Das ist der innere Kollaps einer Gesellschaft, wenn sie sich nicht mehr an ihren Besten misst, sondern an ihrem Durchschnitt. Eine solche Zeit verliert all ihre schöpferischen Kräfte. Es ist eine Gesellschaft, in der alle nur wiederholen, was alle längst wissen. Man spricht jetzt verklausuliert, die Rhetorik wird zur Akrobatik, und alle sagen in immer größeren Begriffen immer weniger. Die Welt wird öde, weil ihr individuelles Moment abstirbt. Jemand spricht vor der Gesellschaft, er oder sie spricht sich für die Demokratie aus, und dann heißt es: Er oder sie hat deutliche Worte gefunden, er oder sie hat sich mutig zur Demokratie bekannt. Ja, was ist daran eigentlich mutig, sich zur Demokratie zu bekennen? Mutig wäre es, sie einmal kritisch zu hinterfragen. Dann ergötzt sich eine Gesellschaft daran, dass das immer Gleiche in neue Worte verpackt wird, während der Inhalt identisch ist und in Wahrheit überhaupt nichts gesagt wurde. Wie schön sind die Begriffe der Demokratie — Freiheit, Gleichheit, Gerechtigkeit, Solidarität, es fehlen eigentlich nur Liebe und Glück. Jedes politische System spricht sich selbst heilig, mit der Demokratie ist es nicht anders. Mittelmaß produziert Mittelmaß, und darum soll das Mittelmaß nicht regieren. Wir müssen schon unsere fähigsten Köpfe regieren lassen. Wir wollen sie demokratisch wählen, denn niemand will eine Aristokratie, eine Elitenherrschaft. Die Aristokratie macht korrupt, sie zieht die Falschen an, sie stößt die Richtigen ab. Ein Stalin hätte sie geliebt, ein

Lincoln hätte sie abgelehnt. Wir brauchen keine Aristokraten, sondern Demokraten, aber es sollen schon unsere klügsten Köpfe sein. Die Politik, und gerade die Regierung, muss wieder dahingehen, die Spitze der Gesellschaft zu repräsentieren. Heute sitzt die Gesellschaft auf dem Thron, und mit ihr der Durchschnitt. Man muss die Grenzen wieder schärfer ziehen. Eine passive, zaghafte Politik wird der planetären Lage nicht gerecht. Wir brauchen eine Politik, die handelt, aber dazu muss sie handeln können. Wir brauchen Transparenz und Kommunikation, verbunden mit einer Handlungsfähigkeit der Politik. Es ist auch nicht gesund, wenn sich Gesellschaft, Politik und Medien in einem gemeinsamen Konglomerat wiederfinden, wo jeder über alles spricht und alle beteiligt sind. Wie sich früher die Religionen verfolgt haben, so bekriegen sich heute die Meinungen. Aber das ist ein Phänomen der Demokratie, in der das Votum zur Währung wird. Wir müssen die Meinungen in ihrer Wertigkeit herabsetzen. Jeder soll seine Meinung haben, aber die Meinung darf keine Politik machen. Auch den Generationenkonflikt müssen wir lösen. Die Jüngeren fühlen sich unsichtbar in einer Gesellschaft, die von Älteren für Ältere gemacht wird. Wahlen sprechen lauter als Worte, und was die Älteren wählen, das verrät ihre Prioritäten. Aber dann stellt man fest, dass die Jüngeren genauso leben wie die Älteren. Materialistisch, hedonistisch, kapitalistisch. Also hat es keinen Sinn, über die Generationen zu streiten. Wir müssen uns gemeinsam in die Pflicht nehmen. Die wirklich Geschädigten sind nicht die Generationen von heute, sondern die Generationen, die heute in den Kinderschuhen stecken oder noch gar nicht geboren wurden. Es ist ihre Welt, die wir zerstören. Wir leben in einer Demokratie, in der die Mehrheit regiert. Aber die Mehrheit wird zusammengehalten durch ihre Gleichheit. Die Gleichheit regiert über die Ungleichheit, sogar innerhalb der Mehrheitsgesellschaft. Die Utopie einer solchen Gesellschaft ist die absolute Gleichheit der Menschen, aber das ist gleichzeitig die Dystopie der Individuen. Die Menschen sind klein geworden in ihren Systemen, und selbst die Mächtigsten sind nur die Verwalter unserer Ohnmacht. Die wahren Mächte unserer Zeit sind die Systeme. Gesellschaft, Marktwirtschaft und Demokratie.

Das Problem an der Demokratie ist nicht die Selbstherrschaft der Gesellschaft, sondern ihre Herrschaft über den Planeten. Die Erde leidet unter der Belastung durch die Menschen, die den Planeten maximal in ihre Gebete, aber nicht in ihre Gesetze aufnehmen. Wer sich heute gegen die Systeme ausspricht, der gilt als Feind der Freiheit. Die Freiheit ist der Kampfbegriff, der jede Veränderung schon im Keim erstickt. Aber die Freiheit ist nur ein geschönter Begriff für das, was sie in Wahrheit ausdrückt, nämlich unsere Maßlosigkeit auf dem Planeten. Wir unterdrücken die Erde mit unserem politischen System. Die Demokratie macht uns zu grenzenlosen Herrschern auf einem begrenzten Planeten. Ein solches System unterdrückt die Erde inhärent. Dann bemühen wir uns innerhalb der Demokratie die Erde zu retten, aber die Erde bleibt damit abhängig von unserem Votum. Die Unterdrückung der Erde ist systemisch, das heißt das System selbst unterdrückt die Erde. Wir müssen ein System schaffen, das es uns ermöglicht, im Sinne der Erde zu agieren, indem wir im Sinne des Systems agieren. Anstelle eines Systems, in dem wir wider das System agieren müssen, um die Erde zu schützen. Das ist nicht der richtige Weg, denn wir wollen nicht gegen unsere Systeme agieren, um den Planeten zu schützen. Wir wollen stattdessen Systeme schaffen, die dem Planeten inhärent gut tun, sodass wir automatisch im Sinne des Planeten handeln. Wir brauchen eine Demokratie nicht nur für die Menschen, sondern auch für den Planeten. Eine gemeinsame Herrschaft von Erde und Mensch, statt einer einseitigen Herrschaft der Menschen über die Erde. Wir können nicht einseitig für uns selbst leben und die Interessen des Planeten hinten anstellen. Die Demokratie ist eine Gleichung, in der die Erde gar nicht vorkommt. Unser politisches System soll die Erde so sehr repräsentieren wie uns. Nicht wir, sondern unsere Systeme sollen unfreier werden. Wir wollen frei sein in begrenzten Systemen, nicht unfrei in grenzenlosen Systemen. Wer denkt heute an unsere Jüngsten, die noch keine Stimme haben? Es ist ungerecht, dass diejenigen, die am meisten in der späteren Welt leben müssen, sie am wenigsten beeinflussen können. Dieses Problem hat die frühere Demokratie nicht beachtet, weil es für sie noch keine Relevanz besaß. Damals hat jede Generation für sich selbst regiert. Heute müssen wir diesen Umstand adressieren, und zwar systemisch. Das System muss verhindern, dass die gegenwärtigen Generationen auf Kosten der zukünftigen regieren. Man ist nicht entweder für oder gegen die Demokratie, es ist keine Schwarz-Weiß-Debatte. Man kann sehr wohl für die Demokratie sein, aber sie in anderer Hinsicht kritisch sehen. Auch die Demokratie ist nur ein politisches System, das man verbessern kann, wenn man zu dem Schluss kommt, dass man es verbessern muss. Unsere Ohnmacht vor den Systemen ist bezeichnend, und man muss schon fragen, wann die Systeme so mächtig geworden sind, dass wir nicht einmal in Erwägung ziehen, sie zu verbessern. Die Menschen sollen die Systeme machen, nicht die Systeme die Menschen. Wenn die Systeme so mächtig werden, dass sie sich nicht mehr durch uns kontrollieren lassen, dann müssen wir eigentlich schon aus Prinzip intervenieren. Wir müssen viel inhaltlicher über die guten und die schlechten Seiten unserer Systeme sprechen.

Die richtige Idee der Demokratie, dass die Gesellschaft über sich selbst herrschen soll, ist in die falsche Praxis ausgeartet, dass sie über den ganzen Planeten herrscht. Die Demokratie macht die Erde zum beherrschten Gegenstand der Menschheit, und dieses Missverhältnis hat nicht die Gesellschaft, sondern die Demokratie herbeigeführt. Sie erklärt die Gesellschaft zur herrschenden Kraft, sie schränkt ihre Herrschaft nicht ein. Die Erde ist abhängig davon, dass wir uns innerhalb des Systems dafür entscheiden, nicht im Sinne des Systems, sondern im Sinne des Planeten zu agieren, und damit gegen das System, innerhalb dessen wir diese Entscheidungen aber treffen und ausführen. So weit darf es nicht kommen, dass wir gegen das System agieren müssen, um die Erde zu schützen. Wir müssen ein System schaffen, das die Erde inhärent schützt. Wenn sich die Menschen in der Demokratie für die Erde entscheiden, dann hat nicht das System für die Erde entschieden, sondern das System hat für die Menschen entschieden, die für die Erde entschieden haben. Das System entscheidet einseitig im Sinne der Menschen, und damit gegen den Planeten, den es nicht in diese Entscheidungen involviert. Unser politisches System muss für beide gemacht sein, für uns und für die Erde. Wenn das System nur einen der beiden begünstigt, dann ist es für den jeweils anderen der beiden kein gutes System. Wir wollen in einem System leben, das *wie die Demokratie* die Menschen schützt, aber im Gegensatz zu ihr auch den Planeten. Das System muss alle begünstigen, uns in der Gegenwart, so sehr wie die Erde, die Zukunft und die nächsten Generationen. Die Gesellschaft ist nur deshalb übermächtig, weil ihr die Demokratie die grenzenlose Macht einräumt. Und dann offenbart sich das gleiche Muster, das wir bereits an der Marktwirtschaft und der Gesellschaft nachvollziehen konnten. Nämlich die Grenzenlosigkeit des Systems. Auch die Demokratie agiert grenzenlos auf einem begrenzten Planeten, auch sie bewegt sich nicht innerhalb der gesunden planetären Grenzen. Statt die Macht auf die Gesellschaft zu beschränken, und sie dort aufzuheben, wo die Erde betroffen ist, kommt es zu keinerlei Einschränkung und die Menschen entscheiden frei, wie sie auf der Erde leben. Nicht die Freiheit als solche ruiniert den Planeten, sondern die Grenzenlosigkeit unserer Freiheit. Die Systeme sprengen mit ihrer Grenzenlosigkeit die faktisch existierenden Grenzen des Planeten. Wir können uns keine grenzenlosen Systeme auf einem begrenzten Planeten leisten. Unsere Systeme müssen sich innerhalb der gesunden planetären Grenzen bewegen. Innerhalb dieser Grenzen wollen wir frei sein, aber nicht darüber hinaus. Wenn wir unsere Freiheit in gesunden Grenzen verwirklichen, dann leidet die Erde nicht unter uns. Die Systeme schützen dann den Planeten vor uns. Gleichzeitig schützen sie uns vor dem Planeten, den wir mit unserem Verhalten nicht ruinieren, sondern erhalten. Wir wollen frei sein in eingeschränkten Systemen, statt uns in freien Systemen einzuschränken.

Mitte

Gesellschaft, Marktwirtschaft und Demokratie agieren zu frei auf dem Planeten. Wir müssen sie in planetärer Hinsicht einschränken. Auf einem begrenzten Planeten braucht es begrenzte Systeme, die den Planeten schützen. Die gesunden Grenzen des Planeten müssen die faktischen Grenzen unserer Systeme werden. Heute gehen alle Tendenzen dahin, dass wir uns in den Systemen einschränken, während unsere Systeme frei bleiben. Unsere Unfreiheit soll die Erde retten, die durch unsere Systeme bedroht wird. Nicht unsere Freiheit, sondern die Freiheit unserer Systeme bedroht den Planeten. Wenn die Systeme frei bleiben, dann leben wir unfrei in freien Systemen, die die Erde weiterhin bedrohen. Damit haben wir nichts gewonnen, sondern nur etwas verloren, nämlich unsere Freiheit in den Systemen. Statt unsere Freiheit in den Systemen einzuschränken, müssen wir unsere Systeme einschränken. Die Maßlosigkeit ist systemisch, nicht individuell. Wir sind gemäßigte Individuen in maßlosen Systemen, keine maßlosen Individuen in gemäßigten Systemen. Wir müssen unsere Freiheit und die Gesundheit des Planeten aufeinander abstimmen.

Unsere Systeme, die einen Zweck erfüllen sollen, sind heute zum Selbstzweck geworden. Wir dienen den Systemen, die uns dienen sollten. Der Mensch steht passiv vor seinen Kreationen, die er mit Leben, aber nicht mit Sinn füllen kann. Alles könnten wir, wenn wir wollten, oder wenn wir wüssten, was wir wollen. Heute besitzen wir alles, die Mittel, das Wissen, die Technik, aber eines ist uns abhanden gekommen. Die Richtung. Und das liegt daran, dass wir die Richtung, überhaupt den Sinn, das Ziel, unsere Werte und Ideale, in die Systeme ausgelagert haben. Wir existieren passiv und phlegmatisch in den Systemen, die uns den Kurs diktieren. In diesem Vakuum der Verantwortung streben die Systeme ihrer eigenen Extremform entgegen. Die Demokratie wird zu einem starren System, das uns handlungsunfähig macht. Die Marktwirtschaft wird ein ungezügelter Kapitalismus, der die Erde herunterwirtschaftet. Die Gesellschaft zwingt die Individuen in die Gleichförmigkeit. Unsere Ohnmacht vor den Systemen ist dystopisch. Wer steht heute schon auf und hinterfragt Gesellschaft, Marktwirtschaft und Demokratie? Die Systeme sind verantwortlich für die planetäre Lage, aber sie lassen sich durch uns nicht mehr verändern. Wir können uns in Gesellschaft, Marktwirtschaft und Demokratie verändern, aber wir können nicht Gesellschaft, Marktwirtschaft und Demokratie verändern. Statt kritisch über die Systeme zu reden, erteilen wir ihnen die Absolution. Die Systeme wirken heute, jedes für sich und alle gemeinsam, gegen den Planeten. Aber unsere Systeme sollen für den Planeten wirken, nicht gegen ihn.

Die Systeme, die uns begünstigen, schaden der Erde. Wenn unser gutes Verhalten in den Systemen einem planetär schlechten Verhalten entspricht, dann leben wir in den falschen Systemen. Wir wollen die Erde mit unseren Systemen schützen, nicht ruinieren. Heute ermahnen wir uns selbst, dass wir anders leben müssen, dabei leben wir gar nicht unangemessen. Wir leben gesellschaftlich, demokratisch, marktwirtschaftlich. Trotzdem zerstören wir den Planeten. Trotzdem — oder deshalb? Bevor man den Planeten rettet, muss man schon fragen, vor wem. Schaden wir dem Planeten, weil wir das systemische Ideal verfehlen — oder weil wir es erfüllen? Unser gutes Verhalten in den Systemen ruiniert die Erde, und daran sind die Systeme Schuld. Aber diese Systeme hinterfragen wir nicht mehr. Also versuchen wir, die Erde innerhalb der Systeme zu retten. Aber innerhalb der Systeme bedrohen wir sie gar nicht. Wir haben Systeme geschaffen, die inhärent gegen den Planeten wirken. Es sind keine planetären, sondern anti-planetäre Systeme. Solange die Systeme die Erde bedrohen, ist es zweitrangig, wie wir uns in ihnen verhalten. Die Bedrohung werden wir erst abwenden können, wenn wir unsere Systeme verändern. Wir können nicht grenzenlos auf einem begrenzten Planeten leben. Es geht dabei nicht um die Freiheit, sondern um die Wirklichkeit. Die Wirklichkeit stößt an ihre Grenzen. Der Planet ist keine abstrakte Idee, in der wir uns theoretisch verwirklichen. Die Ressourcen des Planeten sind endlich, wir müssen mit ihnen haushalten. Aber unsere Systeme haushalten nicht, sie verschwenden und verbrauchen. Solche Systeme werden der planetären Wirklichkeit im 21. Jahrhundert nicht gerecht. Wir wollen nicht unfrei in freien Systemen leben, sondern frei in weniger freien Systemen. Unfrei sollen die Systeme sein, nicht wir in den Systemen. Unser Verhalten ist dann inhärent gesund, weil es sich in den gesunden Grenzen des Planeten bewegt. Heute ist unser

Verhalten inhärent ungesund, weil es sich in der ungesunden Grenzenlosigkeit unserer Systeme bewegt. Das ist der Status Quo. Wir versuchen, eine Erde zu retten, die gar nicht wir, sondern unsere Systeme bedrohen. Wir sind keine schlechten Menschen in guten Systemen, sondern gute Menschen in schlechten Systemen. Das ist das Unheimliche an den Systemen, die für sich genommen überhaupt nichts sind und trotzdem stellvertretend für alle Menschen agieren. Wenn wir uns besser in den Systemen verhalten, dann sind unsere Systeme immer noch schlecht für den Planeten. Das ist wie der Bestie die Zähne ziehen. Sie bleibt eine Bestie. Unsere Systeme sind grenzenlos, und das dürfen sie auf einem begrenzten Planeten nicht sein. Man muss die Systeme verbessern und darüber die Menschen. Alles andere ist ein naiver Ansatz zur Rettung der Welt. Wir brauchen eine Top-Down-Politik, die mit der Verbesserung unserer Systeme beginnt. Wir müssen die gesunden Grenzen des Planeten definieren, und dafür sorgen, dass sich die Systeme innerhalb dieser Grenzen bewegen. Statt unsere Freiheit in den Systemen einzuschränken, müssen wir die Freiheit unserer Systeme einschränken.

Zum Planetarismus

Die Marktwirtschaft ist ein gutes System für uns, aber ein schlechtes System für den Planeten. Nicht unser Verhalten in der Marktwirtschaft, sondern die Marktwirtschaft als solche bedroht die Erde. Wir müssen ein System schaffen, das sich innerhalb der gesunden planetären Grenzen bewegt. Die Erde soll durch unsere Systeme geschützt, nicht bedroht werden. Wir profitieren von der Marktwirtschaft, und darum wollen wir sie im Prinzip erhalten. Aber in Bezug auf den Planeten müssen wir sie einschränken. Wir wollen frei sein, aber nicht in einer freien, sondern in einer planetären Marktwirtschaft. Eine solche, planetäre Marktwirtschaft ist der Planetarismus. Der Planetarismus ist eine Marktwirtschaft, die sich innerhalb der gesunden planetären Grenzen bewegt. Er ist dem Prinzip nach eine Marktwirtschaft, jedoch eine planetär begrenzte. Wir wollen die gesunden Grenzen des Planeten definieren und sie zu den faktischen Grenzen des Systems machen. Statt uns in einem freien System einzuschränken, wollen wir unser freies System einschränken. Wir müssen gewährleisten, dass wir, indem wir uns in den Systemen bewegen, die Grenzen des Planeten einhalten. Wir wollen nicht mit unserem guten Verhalten die Mängel eines schlechten Systems kompensieren. Erst wenn sich die Marktwirtschaft innerhalb der gesunden planetären Grenzen bewegt, wird das System die Erde schützen. Der Planetarismus schützt die Erde vor unserer Freiheit, und wir schützen die Erde vor unserem System.

Der Planetarismus ist eine planetäre Marktwirtschaft. Aus der grenzenlosen Marktwirtschaft wird der begrenzte Planetarismus, der mit seinen Grenzen die Erde schützt. Der Planetarismus sichert uns die Freiheit im System, aber in planetärer Hinsicht schränkt er uns ein. Wir wollen freie Menschen in einem begrenzten System auf einem gesunden Planeten sein. Heute sind wir freie Menschen in einem grenzenlosen System auf einem bedrohten Planeten. Der Planetarismus ist frei nach innen, aber unfrei nach außen, und das unterscheidet ihn von der Marktwirtschaft, die nach außen so frei ist wie nach innen. Unser Wirtschaftssystem darf nach außen nicht frei sein, in dieser Hinsicht müssen wir es einschränken. Wenn das System keine äußeren Grenzen vorfindet, dann entwickelt es eine Maßlosigkeit, die den Planeten ruiniert. Unsere Einschränkungen im System führen am Problem vorbei, das von den Systemen ausgeht. Nicht unsere Freiheit in den Systemen, sondern die Freiheit unserer Systeme bedroht den Planeten. Wir wollen frei sein — innerhalb der gesunden planetären Grenzen. Der Planetarismus reduziert unsere Freiheit auf das gesunde planetäre Maß. Auf diese Weise stellen wir sicher, dass die Erde, die Zukunft und die nächsten Generationen vor uns geschützt werden. Die systemischen Grenzen legen wir gemeinsam fest, mit Blick auf Klima, Ökologie und Zukunft. Wir wollen demokratisch über die Grenzen abstimmen und sie im Anschluss verbindlich einführen. Die Marktwirtschaft ist kein zukunftsfähiges System, sie ist allenfalls gegenwartsfähig. Aber diese Gegenwart bedroht unsere Zukunft auf der Erde. Die Forderung nach Verzicht und Nachhaltigkeit täuscht darüber hinweg, dass das Problem von den Systemen ausgeht. Die Zerstörung, die unsere Systeme auf dem Planeten anrichten, müssen wir systemisch adressieren.

Eine jede Bewegung muss immense Kräfte aufbringen, um das Bestehende zu überwinden und es zu verbessern. Dass eine Veränderung immer beides sein kann, eine Verbesserung und eine Verschlechterung, gehört zum Risiko der Veränderung dazu. Wir haben viel zu gewinnen und wenig zu verlieren, das ist die optimistische Sicht auf die Dinge. Am meisten verlieren wir, wenn wir weitermachen wie bisher. Wir müssen ein System schaffen, das den Verzicht zur Normalität macht und den Exzess zur Anomalie. Wir wollen die schädlichen Elemente der Marktwirtschaft identifizieren und sie durch nachhaltige Elemente ersetzen. Ein System, das sich auf Kosten des Planeten verwirklicht, ist kein gutes System, ganz egal wie gut es in wirtschaftlicher Hinsicht sein mag. Nicht jedes Wachstum ist wünschenswert. Auch ein Tumor wächst, auch Unkraut wächst. Nur wenn die Wirtschaft gesund wächst, soll sie überhaupt wachsen. Im Planetarismus kann man gar nicht erfolgreich wirtschaften, ohne ökologisch gut zu wirtschaften. Während man im Kapitalismus gar nicht erfolgreich wirtschaften kann, ohne ökologisch schlecht zu wirtschaften. Niemand soll der Wirtschaft vorschreiben, was sie zu tun und zu lassen hat, aber man kann ihr vorschreiben, in welchem Rahmen sie zu tun und zu lassen hat. Der Mensch soll nachhaltig leben, aber nicht, weil er nachhaltig mit seinen grenzenlosen Möglichkeiten umgeht, sondern weil seine Möglichkeiten begrenzt sind. Der Planetarismus verbindet das Beste beider Welten, die gesellschaftliche, wirtschaftliche Freiheit der Marktwirtschaft mit einer relativen ökologischen Unfreiheit, die notwendig ist, um den Planeten zu erhalten. Natürlich müssen wir verzichten, aber die Frage ist doch, wie man diesen Verzicht implementiert. Bittet man die Menschen darum, zu verzichten, in einem System, das den Exzess laufend kultiviert? Oder schafft man ein System, das den Verzicht zur verbindlichen Wirklichkeit macht? Der Verzicht muss durch die Systeme geleistet werden, nicht durch uns in den Systemen. Auf diese Weise wird das Angebot von oben nach unten, top-down, eingeschränkt. Die Nachfrage bewegt sich innerhalb des reduzierten Angebots, sodass sie keine Schäden mehr anrichtet. Die Unternehmen können nicht mehr ungesund produzieren, denn das System schränkt sie in dieser Hinsicht ein. Die Konsumenten können nicht konsumieren, was der Erde schadet, denn das entsprechende Angebot existiert nicht mehr. Mit der Zeit werden sich neue Möglichkeiten auftun. Die Unternehmen werden neue Ideen entwickeln, wie sie produzieren und erfolgreich sein können. Auf diese Weise stärkt man die richtigen Technologien und Unternehmen. Wenn unsere Nachfrage exzessiv wird, dann muss sie systemisch ins Leere laufen. Es existiert dann einfach kein Angebot mehr, das unsere Nachfrage bedient. Die Nachfrage gesünder zu gestalten, ist eine naive Strategie in einem System, das den Verzicht wie ein Versagen darstellt. Wenn wir in einen Supermarkt gehen, der von oben bis unten vollgestopft ist mit billig produzierter Ware, dann kaufen wir schließlich nicht den halben Supermarkt ein, sondern einige wenige Produkte. Das Exzessive ist nicht unsere Nachfrage, sondern das Angebot, aus dem wir auswählen können. Dieses Angebot, nicht die Nachfrage, müssen wir einschränken, aber dafür braucht es die ökologischen Grenzen des Systems. Die Marktwirtschaft wäscht ihre Hände in Unschuld, während wir versuchen, die Erde zu retten, indem wir auf nachhaltige Produkte umsteigen. Wir können die Erde nicht innerhalb schlechter Systeme retten. Wir müssen gute Systeme aus ihnen machen. Früher oder später müssen wir unsere Freiheit sowieso einschränken, aber dann liegt es nicht mehr in unseren Händen. Eine kontrollierte Reduktion der Freiheit ist besser als ihr unkontrollierter

Kollaps. Wir können nicht in dieser herrischen Art und Weise alles unter unsere Freiheit subsumieren. Die Freiheit, die Erde zu ruinieren, ist keine Freiheit, sondern eine Maßlosigkeit, die das System verhindern sollte, die es stattdessen befördert. Die Erde, die Zukunft und die nächsten Generationen zahlen den Preis für unsere Lebensweise. Haben wir wirklich diesen ethischen Tiefpunkt erreicht, dass wir nur noch für uns leben? Sind wir so gleichgültig gegen die zukünftigen Generationen, die die Scherben aufsammeln sollen, die wir heute noch täglich produzieren? Wir dürfen den nächsten Generationen keine verbrannte Erde hinterlassen. Das ist die Verantwortung einer jeden Generation. Was ist aus der Gerechtigkeit und der Solidarität der Generationen geworden? Heute kämpft jede Generation für sich, aber wer setzt sich für die zukünftigen Generationen ein? Fühlen wir nicht die Ungerechtigkeit, dass diejenigen, die am wenigsten für die planetäre Lage können, am meisten unter ihr leiden werden? Wir leben kollektiv egoistisch, und dieser Egoismus hält uns davon ab, die notwendigen Schritte einzuleiten. Nichts wird sich ändern, wenn wir auf nachhaltige Produkte umstellen, während wir weiterhin massenhaft Schrott produzieren. Wenn es weiterhin günstiger ist, zu viel zu produzieren und die Hälfte davon wegzuschmeißen, als weniger zu produzieren und dafür weniger zu verkaufen. Wer ein solches System am Leben hält, der hält die planetäre Bedrohung am Leben. Wir reden von der Rettung der Welt, aber wir praktizieren ihre Zerstörung.

Statt die Menschen zum Verzicht aufzurufen und weiter überzuproduzieren, müssen wir Bedingungen schaffen, in denen die Überproduktion überhaupt nicht mehr möglich oder ökonomisch ist. Wir müssen eine Gesundheit auf den Märkten herstellen, die mit der Gesundheit des Systems beginnt. Wenn das System ungesund ist, dann trägt sich diese Ungesundheit über die Märkte in die Gesellschaft hinein, und dann ist alles ungesund, was mit dem System in Berührung kommt. Wir wollen uns frei auf gesunden Märkten bewegen. Aber gesunde Märkte sind reduzierte Märkte. Freiheit kann nicht bedeuten, aus 10 ungesund produzierten Produkten 8 auszuwählen, von denen wir 7 nie benutzen. Freiheit muss bedeuten, aus 3 gesund produzierten Produkten das eine auszuwählen, das wir brauchen. Wirtschaftlicher Erfolg muss an ökologischen Erfolg gekoppelt sein, und das ist eine Frage der Ausgestaltung des Systems. Unser Konsum macht uns gierig, das ist das wahre Problem mit ihm. Nicht dass man besitzt, sondern dass man mehr besitzen will. Grenzenlose Freiheit engt ein. Das ist das Paradox, aber psychologisch verhält es sich so. Wer alles haben kann, der hat nie genug. Die Freiheit wird dann zum Fluch, der uns dazu animiert, immer mehr haben zu wollen, obwohl wir längst genug besitzen. Man kann die innere Leere nicht in Materie ertränken. Dann ist man eine leere Seele, die mit Schmuck und Dekor behangen, nach Schmuck und Dekor verlangt, ohne damit nur einen Hauch glücklicher zu werden. Die Marktwirtschaft befreit uns äußerlich, aber innerlich engt sie uns ein. Wir pflanzen keine Bäume, von denen die nächste Generation lebt, wir holzen die Bäume einfach ab. Aber das ist das Resultat einer tiefen Gleichgültigkeit der Welt gegenüber. Wir empfinden die Welt nicht mehr als etwas Wertvolles, sie ist uns im Grunde unseres Wesens egal. Dann gibt es die Älteren, die sagen, vielleicht ist es besser, wenn es mit uns zu Ende geht, die Erde leidet unter uns. Wie zynisch, so zu sprechen, nachdem man längst gelebt hat, während die Jüngsten in einer Welt aufwachsen, in der sie nicht einmal anfangen durften, zu leben. Die Jüngeren kritisieren die Älteren, dabei leben sie genauso hedonistisch. Auch sie profitieren von einem System, das heute die Erde ruiniert. Jeder lebt für sich, und wir leben alle gemeinsam gegen die nächsten Generationen. Die Geschichte wird anders über unsere Zeit urteilen, als eine Zeit, in der wir alles hätten ändern können und viel zu wenig verändert haben. Wir blicken gleichgültig auf eine Welt, die uns doch am Herzen liegen sollte. Eine ganze Generation von Menschen lebt hedonistisch, das heißt im Moment, und für den Moment. Dabei sollte es Konsens sein, dass die Erde erhalten bleiben muss. Über die Methoden und die Mittel mag man streiten, aber doch nicht über das Ziel. Wir müssen wieder anfangen, Visionen zu entwickeln. Unsere Zeit wird immer ärmer an zukunftsgerichteter Ideation. Man kann die Zukunft nicht auf Verboten aufbauen. Man muss die Vision entwickeln, bevor man auf die Gegenwart einwirkt. Heute fehlt der positive Aspekt fast vollständig. Alle haben Angst, und die Debatte wird ausschließlich negativ geführt. Aber wer zeigt uns eine Zukunft auf, von der wir uns wünschen, dass sie wahr wird? Wenn wir unsere Systeme verbessern, dann werden sie uns bei der Erhaltung der Welt unterstützen, statt uns von ihr abzuhalten. Wir müssen den Mut aufbringen, unsere Systeme zu verändern. Mutig müssen wir sein, weil der Wandel mit Einschränkungen verbunden sein wird. Wir werden viel ausprobieren müssen und nicht alles wird funktionieren. Es wird eine Zeit der Unsicherheit sein, und diese Unsicherheit müssen wir aushalten, gesellschaftlich, wirtschaftlich. Aber es ist eine kontrollierte Unsicherheit, ein Verlassen der Komfortzone, die wir längst hätten verlassen sollen. Manchmal muss man ein Gebäude einreißen, um ein schöneres aufzubauen. Ein marodes Gebäude kann nicht immer saniert werden, manchmal muss man mit den Baggern anrücken. Gegenwartsfähige Systeme, die die Zukunft ruinieren, sind keine guten Systeme. Wir müssen Systeme schaffen, die für die Zukunft so sehr funktionieren wie für die Gegenwart. Diese Bedingung wird nur im Planetarismus, nicht im Kapitalismus erfüllt. Das Ideal des Planetarismus ist die marktwirtschaftliche Freiheit gepaart mit der planetären Gesundheit. Statt den Untergang der Welt zu abzuwarten, wollen wir ihn abwenden. Der Planetarismus soll auch eine Ethik sein. Wir wollen uns am Wohl des Planeten orientieren, und uns vereinen in dieser gemeinsamen Sache namens Erde, ganz egal wie wir in anderen Fragen zueinander stehen mögen.

Zur Telokratie

Die Telokratie ist die Herrschaft der Ziele. Nicht das *demos*, das Volk, soll herrschen, sondern das *telos*, das Ziel. Wir wollen uns ökologische Ziele setzen, aber auch soziale, politische, wirtschaftliche. Wir wollen demokratisch wählen, aber telokratisch regieren. Die Demokratie soll das Prinzip der Gesellschaft sein, aber in planetärer Hinsicht müssen wir sie einschränken. Unsere Ziele sollen an erster, nicht an letzter Stelle stehen. In der Demokratie steht nicht das Ziel, sondern die Gesellschaft an erster Stelle. Die Erde, die Zukunft und die nächsten Generationen sind davon abhängig, dass wir in ihrem Sinne agieren. Das ist ein systemischer Schiefstand, der sich in der Demokratie nur verstärkt. Die Telokratie ist ein besseres System, weil es alle, nicht nur uns, repräsentiert. Die Ziele erlauben es uns, effektiver auf die planetären Probleme einzuwirken. Statt pessimistisch auf eine ungewisse Zukunft zu blicken, wollen wir in der Gegenwart dafür sorgen, dass die Zukunft eine bessere wird. Die Telokratie beginnt mit den Zielen, die es in Handlungen übersetzt. Die Regierung ist der Stellvertreter des Souveräns, aber dieser ist nicht mehr die Gesellschaft. Aus der demokratischen Herrschaft der Gesellschaft wird die telokratische Herrschaft ihrer Ziele. Die Gesellschaft wählt die Ziele und die Regierung, die für die Erreichung der Ziele verantwortlich ist. Jede Regierung ist, fernab ihrer eigenen Ziele, den planetären Zielen verpflichtet. Die Gesellschaft ist ein schlechter Souverän. Sie soll nicht unterdrückt werden, aber sie soll auch nicht unterdrücken. Wir müssen die Freiheit der Gesellschaft gewährleisten, aber auch die Freiheit aller anderen vor der Gesellschaft. In der Demokratie herrscht die Gesellschaft absolutistisch, denn niemand begrenzt ihre Macht. Wir müssen dafür sorgen, dass jemand anderes an ihrer Stelle herrscht. Aber jemand anderes ist kein Mensch, „jemand anderes" sind unsere Ziele. Die Ziele, die wir demokratisch festlegen, herrschen telokratisch.

Die Telokratie ist eine bessere Demokratie. Statt grenzenlos auf dem Planeten zu leben, wollen wir uns gemeinsame Ziele setzen, die uns auf gesunde Art und Weise begrenzen. Es braucht eine gesellschaftliche Politik für die Gesellschaft, aber eine planetäre Politik für den Planeten. Heute betreiben wir eine gesellschaftliche Politik auf dem Planeten, und das ist eine natürliche Folge der Demokratie. Die Gesellschaft hat nicht, wider die Demokratie, die Macht an sich gerissen, sondern: sie agiert im natürlichen Interesse des Systems, wenn sie demokratisch über den Planeten herrscht. Darum ist die Demokratie ein ungerechtes System für alle anderen. Die Erde, die Zukunft und die nächsten Generationen haben kein Votum in ihr. Die Telokratie bleibt ihrem Prinzip nach eine Demokratie. Es soll allgemeine Ziele geben, die wir fernab der konkreten Regierung verfolgen, und spezielle Ziele, die für die gewählte Regierung gelten. Die Systeme sollen den Zielen untergeordnet sein, sodass sie inhärent auf ihre Erreichung hinwirken. Wenn wir die Systeme so gestalten, dass sie den Planeten „automatisch" schützen, dann müssen wir nur darauf achten, dass wir uns innerhalb der systemischen Grenzen bewegen. Das Problem der Rettung der Welt wird damit ungemein vereinfacht. Wir werden befreit von der Last, einen Planeten zu retten, den gar nicht wir, sondern unsere Systeme bedrohen. Die Ziele sollen konkret genug sein, dass man die Politik an ihnen messen kann. Statt die Ziele offen zu lassen und die Wege zu fixieren, müssen wir die Ziele fixieren und die Wege offener gestalten. Die Gesellschaft ist wie die Regierung den Zielen verpflichtet. Man muss verhindern, dass die Gesellschaft eine Regierung wählt, die nur auf dem Papier telokratisch, aber in Wahrheit demokratisch regiert. Eine telokratische Politik beginnt mit den Zielen, und sie arbeitet sich zu den konkreten, politischen Maßnahmen zurück. Die Herausforderung besteht darin, eine telokratische Zukunftspolitik zu betreiben, die schon in der Gegenwart funktioniert. Unsere politischen Strukturen sollen Handlung ermöglichen, nicht verhindern. Wir müssen eine Freiheit im politischen Apparat schaffen, die es uns erlaubt, zu handeln. Die Strukturen sollen nicht rigide sein und die Ziele flexibel, sondern: die Ziele rigide und die Strukturen flexibel. Der Zweck heiligt die Mittel nicht, aber die Mittel auch nicht den Zweck. Unterschiedliche Gruppen sollten unterschiedliche Modelle repräsentieren, mal steile Hierarchien, mal flache, mal um einige wenige Personen zirkulierend, mal durch die Gruppe oder die Gemeinschaft geprägt. Nicht nur die Inhalte sollen divergieren, sondern auch die Modelle und die Ansätze, Politik zu betreiben. Die Freiheit der Unternehmen ist ein Erfolgsmodell in der Wirtschaft. Wir blicken zurück auf 100, 150 Jahre Innovation und

Pioniergeist. Warum sollten wir eine solche Entwicklung nicht in der Politik reproduzieren? Warum nicht auf politischem Boden einen ähnlichen gesunden Wettkampf der Ideen einführen? Wenn die politische Gruppe wie ein Unternehmen geführt wird, dann muss sie früher oder später sowieso demokratisch agieren, weil sie ansonsten keine Mehrheiten erzielt. Die Demokratie wird zur notwendigen Bedingung einer ansonsten freien politischen Gruppe.

Die Demokratie ist heute ein träges System, das Handlung eher unterbindet als ermöglicht. Die Trägheit unserer Systeme muss einer neuen Beweglichkeit weichen. Wir wollen eine freie Politik in einem unfreien System betreiben, statt einer unfreien Politik in einem freien System. Auch in der Telokratie wählen wir demokratisch. Aber die Regierung repräsentiert nicht mehr die Gesellschaft, sondern die Ziele — das ist der wesentliche Unterschied zwischen einer demokratischen und einer telokratischen Regierung. Die Regierung muss ihre Ziele erreichen, die planetären, ökologischen, so sehr wie die speziellen Regierungsziele, auf deren Basis sie gewählt wurde. Die Gesellschaft wählt die Ziele so sehr wie ihre Repräsentanten, und die Erreichung der Ziele wird zum Kriterium der Regierungsarbeit. Die Regierung verantwortet sich gegen die Ziele, und die Gesellschaft kontrolliert die Regierung mit ihrem Votum. Es soll kurzfristige Ziele einer Regierung geben, mittelfristige Ziele für das Land, und langfristige Ziele für die Menschheit. Aber langfristig bedeutet 10 Jahre, nicht 100 Jahre. Wir wollen die planetären Umstände definieren, unter denen wir nachhaltig auf der Erde leben können, und sie in Form von Zielen formulieren. Jede Politik muss ihre Vorschläge einbringen, wie sie meint, die planetären Ziele zu erreichen. Zusätzlich soll sie ihre eigenen Ziele vorschlagen. Die Politik, die uns am meisten überzeugt, wählen wir, und sie bildet die Regierung. Die Regierung verantwortet sich gegen alle Ziele, die allgemeinen so sehr wie ihre eigenen. Eine Reihe von Zielen, etwa einige Dutzend, bilden den zentralen Gegenstand der Regierung. Eine Regierung ist erfolgreich, wenn sie ihre Ziele erreicht, und sie ist gescheitert, wenn sie ihre Ziele verfehlt. Erst die Zukunft, dann die Gegenwart, das ist der Paradigmenwechsel in der Telokratie. Die besten Ideen sollen sich durchsetzen und uns in die Zukunft führen. Die

Unternehmen sollen frei sein, solange sie sich an die Ziele halten. Ökologisch sollen sie unfreier sein, aber unternehmerisch freier. Wirtschaftliche Freiheit in relativer ökologischer Unfreiheit, in diese Richtung müssen wir uns entwickeln. Ein Wirtschaftssystem, das nur wirtschaftlich funktioniert, ist kein gutes System, ganz egal wie gut es dieser Hinsicht auch sein mag. Ein Wirtschaftssystem muss wirtschaftlich, gesellschaftlich und ökologisch funktionieren. Wir müssen die Wirtschaft stärker von Politik und Gesellschaft befreien, und dabei gewährleisten, dass eine starke Wirtschaft auf eine starke Gesellschaft hinwirkt. Wir wollen die Systeme voneinander befreien, sie aber gleichzeitig gemeinsam verpflichten.

Warum ist die Telokratie ein besseres System als die Demokratie? Weil die Teleokratie mit den Zielen beginnt und sich zu den konkreten Maßnahmen zurückarbeitet. Wie der Planetarismus nichts anderes ist als eine gesunde Marktwirtschaft, so ist die Telokratie nur eine gesündere Demokratie. Im neuen System entlasten wir die Erde, die nicht mehr demokratisch, sondern telokratisch regiert wird. Wir müssen einen Katalog von Zielen schaffen, an dem wir uns politisch orientieren. Wir brauchen ökologische Ziele, aber auch gesellschaftliche, wirtschaftliche, humanitäre. Unsere Politik soll den Wandel vollziehen, weg von einer demokratischen Gesellschaftspolitik, hin zu einer telokratischen Politik der Ziele. Die Ziele zu erreichen bedeutet dann, die Welt zu retten. Aber wir retten sie nicht durch abstrakte Weltuntergangsszenarien, sondern indem wir unsere Ziele erreichen. Überall soll das telokratische Prinzip zum leitenden Prinzip werden. In der Telokratie wird die öffentliche Meinung in ihrer Wertigkeit herabgesetzt. Auch diese Entwicklung ist überfällig. Die Angst mag ein schlechter Ratgeber sein, aber die Meinung ist der schlechteste. Die Meinungskultur unserer Zeit ist eine furchtbare Unkultur. Die Meinung muss geschützt sein und natürlich muss sie frei sein, aber sie darf keine Politik mehr machen. Heute herrscht eine ungesunde Dynamik, innerhalb derer die Gesellschaft eine Meinung vertritt, die medial Resonanz findet, woraufhin sich die Gesellschaft polarisiert, bis die Politik Stellung bezieht, was wiederum die Gesellschaft polarisiert, sodass sich Politik, Gesellschaft und Medien ständig gegenseitig aufhetzen. Das ist nicht gesund für die Gesellschaft, es ist nicht gesund für die

Politik, und es ist auch nicht gesund für die Medien. Niemals darf sich die Meinung wie ein Lauffeuer in der Gesellschaft ausbreiten, eine solche Macht darf sie nicht innehaben. Wir müssen besonnen sein und sachlich, ruhig und konstruktiv, und das erreichen wir, indem wir die Meinung in ihrer Wertigkeit herabsetzen. Wir wollen sie ersetzen durch eine Kultur der Ziele. Die Telokratie ist die gesunde, zukunftsfähige Entwicklung der Demokratie. Wir brauchen ein politisches System, dass die Selbstherrschaft der Gesellschaft gewährleistet, aber die Erde, die Zukunft und die nächsten Generationen vor ihr schützt. Maximale Freiheit in enger gesetzten Grenzen, darauf muss es hinauslaufen. Heute existieren überhaupt keine Grenzen, und damit bedrohen wir den Planeten. Wir müssen Systeme schaffen, die es uns ermöglichen, nachhaltig auf der Erde zu leben.

Zu den Drei Sphären

Eine grenzenlose Freiheit lässt sich auf einem begrenzten Planeten nicht verwirklichen. Die individuelle Freiheit müssen wir erhalten, aber die Freiheit der Gesellschaft einschränken. Die Gesellschaft soll frei sein, aber unfreier in Bezug auf die Erde und die Individuen. Wir wollen demokratisch in der Gesellschaft leben, aber telokratisch auf der Erde. Auch die Individuen müssen wir stärker vor der Gesellschaft schützen. Das Individuum soll sich nicht über seine Stellung in der Gesellschaft definieren, sondern über sich selbst. In anderen Worten soll es sich *autokratisch*, nicht demokratisch begreifen. Wir wollen als autokratische Individuen in einer demokratischen Gesellschaft leben. Statt einer allumfassenden Gesellschaft wollen wir drei gesellschaftliche Sphären bilden, die voneinander unabhängig sind. Auf der ersten Sphäre bewegen wir uns als autokratische Individuen. Die zweite Sphäre umfasst die demokratische Gesellschaft. Auf der dritten Sphäre bilden wir eine telokratische Gemeinschaft. Wir leben autokratisch als Individuen, demokratisch in der Gesellschaft und telokratisch in der Gemeinschaft. Wer sich autokratisch in der Gesellschaft verhält, der trägt das Prinzip der ersten Sphäre in die zweite Sphäre hinein. So wenig die Gesellschaft auf das Individuum übergreifen soll, so wenig das Individuum auf die Gesellschaft. Das Individuum soll nur autokratisch agieren, solange kein anderer Mensch von seiner Autokratie betroffen ist. Sobald jemand anderes beteiligt ist, bewegt sich das Individuum nicht mehr auf der ersten, sondern auf der zweiten Sphäre. Zwei Menschen bilden die kleinste Gesellschaft. Das Individuum soll sich autokratisch begreifen, weil die Demokratie die Herrschaft der Gesellschaft ist und das Individuum nicht durch die Gesellschaft beherrscht werden soll. Das Individuum soll nicht abhängig, sondern unabhängig von ihr sein. Die Sphären des Individuums und der Gesellschaft wirken respektiv in ihren Bereichen, ohne dass sie miteinander interferieren. Die dritte Sphäre ist die übergeordnete Sphäre, die es in planetärer Hinsicht braucht. Eine demokratische Gesellschaft „herrscht" über den Planeten, und so dürfen wir auf der Erde nicht leben. Die Demokratie darf nicht das maßgebende Prinzip sein, das unser Verhalten auf dem Planeten lenkt. In Bezug auf sich selbst soll die Gesellschaft demokratisch sein, aber in Bezug auf den Planeten telokratisch. Die demokratische Gesellschaft bleibt erhalten, aber sie wird um die telokratische Gemeinschaft ergänzt. Individuum, Gesellschaft und Gemeinschaft sind nicht trennscharf, sodass wir respektive Lösungen finden müssen, die alle drei Sphären zufriedenstellen. Wir brauchen telokratische Lösungen für die Gemeinschaft, demokratische Lösungen für die Gesellschaft, und autokratische Lösungen für die Individuen.

Im Sphärenmodell wird aus einer großen Gesellschaft, die grenzenlos auf Erde und Individuum einwirkt, eine nach innen und außen begrenzte Gesellschaft, die das Individuum und die Erde in ihren respektiven Sphären wirken lässt. Die Gesellschaft umfasst nicht mehr alles, sondern nur noch den gesellschaftlichen Raum. Der planetäre Raum fällt der Gemeinschaft zu, der individuelle Raum den Individuen. Die Gemeinschaft ist die übergeordnete Ebene, auf die wir uns im Sinne des Planeten einigen. Indem wir aus einer Gesellschaft drei gesellschaftliche Ebenen machen, leben wir autokratisch für uns selbst, demokratisch in der Gesellschaft, und telokratisch auf der Erde. Die Gesellschaft soll über sich selbst herrschen, aber weder über die Erde noch über die Individuen in ihren Reihen. Wenn das Individuum, statt seinem eigenen Urteil, dem Urteil der Gesellschaft folgt, dann trifft die Gesellschaft seine Entscheidungen. Dieser Zustand ist gefährlich, weil er das Individuum redundant macht. Es kommt zur Vergesellschaftung der Individuen, oder zur gesellschaftlichen Kernschmelze unserer Seelen. Auf diese Weise erzeugt man eine Übergesellschaft, die unsere Individualität von innen bedroht. Wer seinen Wert nur empfindet, wenn ihn die Gesellschaft gutheißt, der denkt ihre, nicht seine eigenen Gedanken. Diese Entfremdung des Individuums ist die Folge einer übermäßigen Identifikation mit der Gesellschaft. Niemandem ist damit gedient, wenn wir gleiche Gesellschaftsmenschen werden, die ihre Freiheit nur äußerlich verwirklichen. Das Ziel muss lauten, die Freiheit wieder zu verinnerlichen, sie in unsere Herzen zu verlegen, um sie dort als psychische, innere Freiheit zu praktizieren. Solange das Gefühl von Unfreiheit bestehen bleibt, wird sich unsere Freiheit destruktiv manifestieren. Produktiv ist die Freiheit nur, wenn sie mit einer inneren Freiheit korrespondiert. Die innere Unfreiheit ist destruktiv, sie will zerstören, und was will sie zerstören? Ihre Unfreiheit; die Fesseln, die sie fesseln. Aber sie kann sie nur äußerlich, nicht innerlich zerstören. Also trägt sie ihre destruktive Freiheit in die Welt. Die Gesellschaft ist in unsere Seelen eingedrungen, und sie führt dort einen Verdrängungskampf gegen unsere Individualität. Niemals darf sich die Gesellschaft auf diese Weise verselbstständigen. Orwell hat von einer äußeren Kontrolle geschrieben, doch die Wirklichkeit entwickelt sich dramatischer: die Systeme kontrollieren uns von innen. Von außen lässt uns die Gesellschaft frei sein, aber innerlich beherrscht sie uns. Sie trägt ihr abstraktes Menschenbild in die Individuen hinein, an deren Stelle sie sich verwirklicht. Hier entsteht die Gleichheit der Menschen, die aber keine natürliche Gleichheit ist, sondern eine künstliche, entstanden auf Kosten unserer natürlichen Ungleichheit. Anstelle unserer Seelen verwirklichen wir die Gesellschaft in uns, und das ist tückisch, weil man die Gesellschaft dann nicht mehr zu greifen kriegt. Wie will man die Gesellschaft aus den Individuen verdrängen, wenn man sie gar nicht mehr als Gesellschaft identifiziert? Das Individuum verwechselt sich mit der Gesellschaft, es spricht von ihr in der ersten Person. Wir sind das weinende Gesicht unter der lachenden Maske. Das ist der wahre Orwell, die Kontrolle von innen. Es gibt keine Kontrollinstanz, die uns überwacht, denn jeder Einzelne überwacht sich selbst und alle anderen. Wenn die Gleichheit zur Bedingung der Individuen wird, dann verschwindet mit der Ungleichheit die Individualität aus einer Gesellschaft. Aus vielen unterschiedlichen Menschen wird die gleiche Art Mensch, vielfach umgesetzt. Die Gesellschaft führt in jedem Einzelnen eine Individualität auf, die sie aber nur äußerlich repräsentiert. Es ist eine leere Individualität, getragen durch die Kollektivität unserer Systeme. Die Individualität wird zum gesellschaftlichen Produkt, das man formt und gestaltet. In unseren Idealen und Vorstellungen sind wir uns alle viel ähnlicher, als wir es sein sollten. Was bleibt von einer Individualität, die in dieser Form durch die Gesellschaft atomisiert wird? Jeder Einzelne lebt heute degradiert zu einem Atom der Systeme. Wir verwirklichen im Kleinen, was die Gesellschaft im Großen repräsentiert. Der Endpunkt einer solchen Entwicklung ist die Auflösung der Individuen in einer homogenen Gesellschaft. Aber das ist der ethische Untergang des Menschen, wenn die

Systeme an seiner Stelle leben. Wenn wir abstrakte Systeme schaffen, die sich unserer Lebendigkeit ermächtigen, um sich an unserer Stelle zu verwirklichen. Wir müssen das Individuum wieder aufwerten und die Gesellschaft in Bezug auf die Individuen abwerten. Die demokratische Gesellschaft bildet einen Konsens, der für alle gilt wie ein inneres Gesetz. Wenn eine Gesellschaft diese Entwicklung nimmt, dann steigt ihr systemischer Wert, aber ihr organischer Wert sinkt. Sie wird dann eine leblose, künstliche Gesellschaft, die uns auch nur künstlich zusammenhält. Die Gesellschaft erscheint als lebloses Wesen, das uns mehr fesselt als befreit. Wer sich anpasst, wird von der Gesellschaft gesegnet, alle anderen verflucht. Die Gesellschaft wird zur Einheit, aus der die andersartigen Elemente verschwinden. Was nicht mehrheitsfähig spricht, das überlebt die Evolution der Gesellschaft nicht. Es ist fast ein Fall für Darwin. Die Mehrheit verfestigt sich zu einer Einheit, und diese Einheit wird zum Kriterium der Gesellschaft. Die Einheit verbindet uns in einer Gesellschaft, die uns als Individuen negiert. Das ist die wahre Spaltung der Gesellschaft, wenn die Mehrheit zur Einheit wird und alles blockiert, was nicht in ihrem Sinne agiert. Dann spaltet die Gesellschaft nicht nur sich selbst, sondern jedes einzelne ihrer Mitglieder. Sie spaltet es in dessen gesellschaftlichen Teil, den sie annimmt, und dessen individuellen Teil, den sie ablehnt. Vom Individuum wird die Gleichheit verlangt, um an der Gesellschaft zu partizipieren. Wenn sich das Individuum nicht anpasst, bleibt es gesellschaftlich außen vor. Aber die Gleichheit steht im ständigen Widerspruch zu unserer individuellen Ungleichheit. Wir sind nicht gleich, sondern ungleich, und wenn uns die Gleichheit in der Gesellschaft verbindet, dann bleibt es eine künstliche Gesellschaft. Oder eine Gesellschaft von künstlichen Individuen. Wollen wir das sein, eine Gesellschaft von künstlichen Individuen? Oder wollen wir nicht eine Gesellschaft bilden, in der wir über unsere Ungleichheit miteinander verbunden sind? Mit den drei Sphären wird diese Gesellschaft Wirklichkeit, denn die Ungleichheit der Individuen ist auf der ersten Sphäre gesichert. Die Individuen verwirklichen sich frei und autokratisch in ihrer Ungleichheit. Die Gesellschaft bleibt demokratisch, sie wird weder von den Individuen beeinflusst, noch beeinflusst sie diese. Hinzu kommt die dritte Sphäre der Gemeinschaft, in der wir uns im Sinne des Planeten verhalten.

Das Sphärenmodell untergliedert die Gesellschaft in drei gesellschaftliche Sphären. Die Individuen bilden die erste Sphäre, auf der die Autokratie gilt. Auf der zweiten Sphäre herrscht die Gesellschaft, und damit die Demokratie. Die Gemeinschaft bildet schließlich die dritte Sphäre, und hier gilt die Telokratie. Wir leben als autokratische Individuen in einer demokratischen Gesellschaft, vereint in der telokratischen Gemeinschaft. In autokratischen und aristokratischen Systemen kontrollieren die Individuen die Gesellschaft, und das ist falsch. Aber in der Demokratie kontrolliert die Gesellschaft die Individuen, und auch das ist falsch. Wenn die Gesellschaft das Individuum anleitet, dann sind es Züge einer Übergesellschaft, die ihre Macht dort exerziert, wo sie nicht mehr wirksam sein darf. Die Gesellschaft stellt Anforderungen an das Individuum, die dieses nur erfüllen kann, indem es wesentliche Teile seiner Individualität aufgibt. Statt sich natürlich als Individuum zu entwickeln, geht es den künstlichen Gang der Gesellschaft. Eine solche Gesellschaft von künstlichen Individuen ist nicht wünschenswert. Wir müssen ein System schaffen, das die Individuen und den Planeten vor der Gesellschaft schützt. Das Ziel lautet nicht, die demokratische Gesellschaft zu ersetzen, sondern sie zu ergänzen, um die telokratische Gemeinschaft und das autokratische Individuum. Im Sphärenmodell verwirklichen wir eine Gesellschaft, die uns als Individuen atmen lässt und uns gleichzeitig in der Gemeinschaft verpflichtet.

Ende

Klima, Natur und Umwelt, das sind Faktoren, die heute mindestens an derselben Stelle stehen müssen wie Politik, Gesellschaft und Wirtschaft. Wir können uns keine rein „menschlichen" Systeme leisten. Wir müssen „planetäre" Systeme aus ihnen machen. Die neuen Systeme schützen den Planeten, und wir schützen ihn, indem wir sie einführen. Auf einem begrenztem Planeten lässt sich nur eine begrenzte Freiheit realisieren. Wenn wir die Freiheit unserer Systeme erhalten, dann bleibt die Erde durch unsere Systeme bedroht. Die neuen Systeme schränken uns ein, aber sie sorgen dafür, dass wir den Planeten erhalten. In der Zukunft wird niemand auf uns blicken und bewundernd von Demokratie und Freiheit sprechen. Man wird stattdessen von unserem Exzess und unserem Egoismus sprechen. Die Übermacht der Systeme hält eine Zerstörung aufrecht, die wir in unserer Ohnmacht versuchen, aufzuhalten, indem wir uns besser in ihnen verhalten. Aber die systemische Zerstörung wird immer stärker sein als die menschengemachten Initiativen zur Erhaltung der Welt. Freiheit und Maßlosigkeit sind nicht das Gleiche. Man kann sehr wohl frei sein, ohne maßlos zu sein. Wir müssen Systeme schaffen, die inhärent das Maß halten. Wir wollen frei sein, aber nicht in grenzenlosen, sondern in begrenzten Systemen.

Die Telokratie definiert eine wünschenswerte Zukunft, die sie zum praktischen Gegenstand ihrer Bemühungen macht. Das System ermöglicht es uns, gewünschte Veränderungen viel effektiver herbeizuführen. Wir wollen uns planetäre Ziele setzen, aber auch soziale, gesellschaftliche, politische. Wir können etwa sagen, wir wollen die Analphabetenrate in fünf Jahren um x Prozent senken, und dann geht unsere konkrete Politik dahin, dieses Ziel zu erreichen. Die Telokratie wird zu einer Art Checklist-Politik. Checklists sind gut, sie erlauben es uns, unser Schicksal zu kontrollieren. Die Demokratie legt einen ungesunden Schwerpunkt auf die Gegenwart, und damit gefährdet sie die Zukunft. Wir können nicht weiterleben wie bisher und dabei die Welt retten. Das ist nur ein Vorwand, um in Wahrheit nichts oder viel zu wenig zu verändern. Die Zukunft wird in der Gegenwart geschrieben, im Guten wie im Schlechten. Lang genug haben wir sie im Schlechten geschrieben. Wir müssen sie besser schreiben. Die Marktwirtschaft ist heute das Hirn, die Demokratie das Herz, und die Gesellschaft der Körper dieses Ungeheuers, das über den Planeten herzieht. Alles reduziert sich auf die gesellschaftliche Reichweite und das marktwirtschaftliche Potenzial. Damit degradiert man das Individuum zu einem bloßen Quantum der Systeme. Wir sind keine Menschen mehr, sondern Zahlen, Einheiten, Quanten. Wir tun uns zusammen, um in den Systemen einen Unterschied zu machen, aber als Zahlen, Einheiten, Quanten. Die Systeme verwandeln uns in systemische Einheiten, die sich systemisch definieren. Diese Entwicklung führt weg vom Menschen, und wir müssen aufpassen, dass die Systeme nicht irgendwann gänzlich an unserer Stelle leben.

Der Mensch lebt frei auf dem Planeten, aber auch die Systeme wirken frei auf ihm. Heute urteilen wir, dass der Mensch die Erde mit seinem Verhalten zerstört. Aber wir haben gezeigt, dass dieses Urteil falsch ist. Der Mensch zerstört die Erde nicht mit seinem Verhalten, sondern mit seinen Systemen. Die Systeme bedrohen die Erde, und wir bedrohen sie, indem wir Teil der Systeme sind. Nicht weil wir uns wider die Systeme verhalten, sondern weil wir uns in ihrem Sinne verhalten. Solche Systeme können wir uns nicht leisten, und wir müssen sie durch bessere Systeme ersetzen. Wir dürfen keine Systeme aufrechterhalten, die den Planeten ruinieren. Unsere Systeme sollen den Planeten schützen, damit sich unser Verhalten nicht nur systemisch, sondern auch planetär gut manifestiert. Das gute Leben in den Systemen muss verbunden sein mit dem guten Leben auf dem Planeten. Wir wollen die Erde schützen, aber dafür braucht es bessere Systeme. Telokratie, Planetarismus und das Sphärenmodell zeigen uns eine Zukunft auf, die den Planeten schont und unsere Freiheit gewährleistet.

Der Mensch in den Systemen